GESTÃO ESTRATÉGICA DE

MUDANÇAS CORPORATIVAS

TURNAROUND — A VERDADEIRA DESTRUIÇÃO CRIATIVA

www.saraivauni.com.br

J. C. Aguilera
L. C. Lazarini

GESTÃO ESTRATÉGICA DE

MUDANÇAS CORPORATIVAS

TURNAROUND – A VERDADEIRA DESTRUIÇÃO CRIATIVA

Rua Henrique Schaumann, 270 – CEP: 05413-010
Pinheiros — Tel.: PABX (0XX11) 3613-3000
Fax: (11) 3611-3308 — Televendas: (0XX11) 3613-3344
Fax Vendas: (0XX11) 3611-3268 — São Paulo — SP
Endereço Internet: http://www.editorasaraiva.com.br

Filiais:

AMAZONAS/RONDÔNIA/RORAIMA/ACRE
Rua Costa Azevedo, 56 — Centro
Fone/Fax: (0XX92) 3633-4227 / 3633-4782 — Manaus

BAHIA/SERGIPE
Rua Agripino Dórea, 23 — Brotas
Fone: (0XX71) 3381-5854 / 3381-5895 / 3381-0959 — Salvador

BAURU/SÃO PAULO
(sala dos professores)
Rua Monsenhor Claro, 2-55/2-57 — Centro
Fone: (0XX14) 3234-5643 — 3234-7401 — Bauru

CAMPINAS/SÃO PAULO
(sala dos professores)
Rua Camargo Pimentel, 660 — Jd. Guanabara
Fone: (0XX19) 3243-8004 / 3243-8259 — Campinas

CEARÁ/PIAUÍ/MARANHÃO
Av. Filomeno Gomes, 670 — Jacarecanga
Fone: (0XX85) 3238-2323 / 3238-1331 — Fortaleza

DISTRITO FEDERAL
SIG Sul Qd. 3 — Bl. B — Loja 97 — Setor Industrial Gráfico
Fone: (0XX61) 3344-2920 / 3344-2951 / 3344-1709 — Brasília

GOIÁS/TOCANTINS
Av. Independência, 5330 — Setor Aeroporto
Fone: (0XX62) 3225-2882 / 3212-2806 / 3224-3016 — Goiânia

MATO GROSSO DO SUL/MATO GROSSO
Rua 14 de Julho, 3148 — Centro
Fone: (0XX67) 3382-3682 / 3382-0112 — Campo Grande

MINAS GERAIS
Rua Além Paraíba, 449 — Lagoinha
Fone: (0XX31) 3429-8300 / 3428-8272 — Belo Horizonte

PARÁ/AMAPÁ
Travessa Apinagés, 186 — Batista Campos
Fone: (0XX91) 3222-9034 / 3224-9038 / 3241-0499 — Belém

PARANÁ/SANTA CATARINA
Rua Conselheiro Laurindo, 2895 — Prado Velho
Fone: (0XX41) 3332-4894 — Curitiba

PERNAMBUCO/ ALAGOAS/ PARAÍBA/ R. G. DO NORTE
Rua Corredor do Bispo, 185 — Boa Vista
Fone: (0XX81) 3421-4246 / 3421-4510 — Recife

RIBEIRÃO PRETO/SÃO PAULO
Av. Francisco Junqueira, 1255 — Centro
Fone: (0XX16) 3610-5843 / 3610-8284 — Ribeirão Preto

RIO DE JANEIRO/ESPÍRITO SANTO
Rua Visconde de Santa Isabel, 113 a 119 — Vila Isabel
Fone: (0XX21) 2577-9494 / 2577-8867 / 2577-9565 — Rio de Janeiro

RIO GRANDE DO SUL
Av. A. J. Renner, 231 — Farrapos
Fone/Fax: (0XX51) 3371-4001 / 3371-1467 / 3371-1567
Porto Alegre

SÃO JOSÉ DO RIO PRETO/SÃO PAULO
(sala dos professores)
Av. Brig. Faria Lima, 6363 — Rio Preto Shopping Center — V. São José
Fone: (0XX17) 227-3819 / 227-0982 / 227-5249 — São José do Rio Preto

SÃO JOSÉ DOS CAMPOS/SÃO PAULO
(sala dos professores)
Rua Santa Luzia, 106 — Jd. Santa Madalena
Fone: (0XX12) 3921-0732 — São José dos Campos

SÃO PAULO
Av. Marquês de São Vicente, 1697 — Barra Funda
Fone: PABX (0XX11) 3613-3000 / 3611-3308 — São Paulo

ISBN 978-85-02-08649-4

CIP-BRASIL. CATALOGAÇÃO NA FONTE
SINDICATO NACIONAL DOS EDITORES DE LIVROS, RJ.

F398g

Aguilera, José Carlos
  Gestão estratégica de mudanças corporativas / José Carlos Aguilera, Luiz Carlos Lazarini ; Instituto Chiavenato (org.). - São Paulo : Saraiva, 2009.

  Inclui bibliografia
  ISBN 978-85-02-08649-4

  1. Administração de empresas. 2. Planejamento estratégico. 3. Desenvolvimento organizacional. 4. Sucesso nos negócios. I. Título.

09-4382.   CDD: 658
                                              CDU: 658

Copyright © José Carlos Aguilera e Luiz Carlos Lazarini

2009 Editora Saraiva
Todos os direitos reservados.

Diretora editorial: Flávia Helena Dante Alves Bravin
Gerente editorial: Marcio Coelho
Editoras: Rita de Cássia da Silva
           Juliana Rodrigues de Queiroz
Produção editorial: Viviane Rodrigues Nepomuceno
Suporte editorial: Rosana Peroni Fazolari
Marketing editorial: Nathalia Setrini
Aquisições: Gisele Folha Mós
Arte e produção: Know-how Editorial
Capa: Leandro Correia

Nenhuma parte desta publicação poderá ser reproduzida por qualquer meio ou forma sem a prévia autorização da Editora Saraiva.
A violação dos direitos autorais é crime estabelecido na Lei n. 9.610/98 e punido pelo artigo 184 do Código Penal.

AGRADECIMENTOS

A elaboração deste livro levou quatro anos de discussões, reuniões, pesquisas e contou com a colaboração de amigos a quem somos gratos, não só pela ajuda direta nos trabalhos como pelo apoio e dedicação durante todo o tempo em que estivemos juntos. Queremos agradecer especialmente a:

Maria Luiza de Oliveira, nossa querida Malú,

Floreal Rodrigues Rosa,

Ricardo Migliano,

Elza Tsumori.

A Malú teve uma participação especial na organização das pesquisas complementares e nas diversas etapas de estruturação e redação de todo o trabalho, a ela nossos especiais agradecimentos.

O Ricardo e a Elza por meio de sua agência de publicidade, Cia. Ativadora de Negócios, nos ajudaram nos trabalhos de preparação dos diversos quadros, figuras e diagramas que compõem o livro, além do permanente estímulo que nos deram.

Quando se decide escrever um livro é fundamental que as famílias também entendam tudo o que isso envolve, bem como nos apoiem em todos os momentos. Nossas esposas, Sonia e Sandra, e nossos filhos, Fernanda, Gabriel, Renata, Laura e Fábio, sempre estiveram ao nosso lado e souberam nos incentivar com alegria e muito amor. A eles nossa eterna gratidão.

Aguilera e Lazarini

SUMÁRIO

Introdução		11
Capítulo 1	*Turnaround*	15
1.1	O que é turnaround	15
1.2	Quando fazer um turnaround	17
1.3	A matriz do turnaround	18
1.4	Estágios de um turnaround	23
1.5	Objetivos de um turnaround	25
1.6	Empreendimento sustentável	26
	Referências	26
Capítulo 2	*Ciclos de negócios*	27
2.1	Destruição criativa	28
2.2	A era do caos? Não para todos	29
2.3	Globalização e internet	33
2.4	Tecnologia *versus* legislação	34
2.5	Sobrevivência	35
2.6	Adaptação complexa	36
	Referências	38
Capítulo 3	*Mercado*	39
3.1	O ambiente externo à empresa	39
3.2	Análise da indústria	41
3.3	Análise do mercado	44
3.4	Organização de mercado e cartelização	48

3.5	As competências essenciais e o mercado	49
3.6	Experiência dos autores	52
	Referências	53

Capítulo 4 *Empresa* 55

4.1	Competência essencial da corporação	55
4.2	Análise Swot	57
4.3	Matriz Produto-Mercado de Ansoff	61
4.4	Matriz BCG	62
4.5	Matriz GE	65
4.6	4P's	66
4.7	Segmentação e posicionamento	68
4.8	Exemplos	69
	Referências	69

Capítulo 5 *Estratégia* 71

5.1	O que é estratégia?	71
5.2	Tipos de estratégia	72
5.3	As cinco forças	74
5.4	Vantagem competitiva sustentável	74
5.5	Fontes de vantagem competitiva	78
5.6	Critérios de avaliação da vantagem competitiva	81
5.7	Estratégia e estrutura	81
5.8	Estratégia no mundo do bit	83
	Referências	83

Capítulo 6 *Finanças* 85

6.1	Conceitos básicos de economia	85
	6.1.1 Macroeconomia	85
	6.1.2 Microeconomia	88
6.2	Contabilidade	91
	6.2.1 Demonstrativos contábeis	92
	6.2.2 Lei Sarbanes-Oxley	97

6.3	Gestão financeira	99
	6.3.1 Fluxo de caixa	99
6.4	Análise de casos	106
	6.4.1 Análise histórica de índices	106
	6.4.2 Análise de índices comparativos com o concorrente	110
	Referências	113

Capítulo 7   *Planejamento e orçamento* 115

7.1	A importância do planejamento na gestão	115
7.2	Planejamento estratégico	116
7.3	A montagem do planejamento	117
	7.3.1 Avaliação da estratégia competitiva	117
	7.3.2 Revisão da análise dos ambientes externo e interno	118
	7.3.3 Definição das principais diretrizes para o exercício	119
	7.3.4 Planejamento das áreas operacionais da empresa	119
7.4	Ferramentas	121
	7.4.1 BSC	121
	7.4.2 OBZ	124
	7.4.3 *Beyond Budgeting Round Table* (BBRT)	125
	Referências	126

Capítulo 8   *Capital humano* 127

8.1	Liderança transformacional	127
	8.1.1 Passos necessários à transformação	130
	8.1.2 Dependência mútua	131
	8.1.3 Visão e liderança	132
	8.1.4 *Empowerment*	132
	8.1.5 O lado sombrio do líder carismático	133
	8.1.6 Risco	133
8.2	Aprendizagem organizacional	135
	8.2.1 Gestão do conhecimento	135
	8.2.2 Espiral do conhecimento	136
	8.2.3 Competências	138

GESTÃO ESTRATÉGICA DE MUDANÇAS CORPORATIVAS

8.2.4	Capital intelectual	140
8.2.5	Inteligência empresarial	140
8.2.6	A empresa como aprendiz	141
8.2.7	Parâmetros de aprendizagem	143
8.2.8	Educação corporativa	146
8.3	Sistema de remuneração variável	147
	Referências	150

Capítulo 9 *Tomada de decisão* 153

9.1	O processo neurológico	156
	9.1.1 Modelos mentais	156
	9.1.2 Percepção e memória	159
9.2	Objetividade fraca	160
	9.2.1 Influência social	160
	9.2.2 O paradoxo do homem racional	161
9.3	A heurística e seus desvios	163
	9.3.1 A heurística da disponibilidade	164
9.4	O risco como fator de qualquer decisão	166
	9.4.1 Curva de aversão ao risco	167
	9.4.2 A autoconfiança	168
9.5	Razão e intuição	169
9.6	Fluxo da tomada de decisão	170
9.7	Árvore de decisão	171
	9.7.1 Armadilhas possíveis	173
9.8	Modelos de tomada de decisão	173
9.9	Os papéis na tomada de decisão	175
9.10	Complexidade irredutível	176
	9.10.1 Um caso concreto	178
	Referências	179

Conclusão *Turnaround – A verdadeira destruição criativa* 181

Apêndice 187

INTRODUÇÃO

A combinação da tecnologia de informação com a globalização dos mercados criou um novo ambiente competitivo que permeia todo e qualquer setor, dos mais tradicionais, como construção civil, metalurgia, autopeças e automóveis, até os mais inovadores, como telecomunicações e biotecnologia.

Novos modelos de sucesso levam as empresas a mudar produtos pela incorporação de modernas e revolucionárias tecnologias, visando a atender diferentes demandas dos consumidores. Assim que a empresa se adapta às novas condições do mercado, surge outra mudança, que gera mais uma, e depois outra, apagando necessidades antigas e criando um mundo antes impensável.

Além disso, o aumento do tempo de vida está alterando o perfil da demanda das pessoas, e um número cada vez maior de indivíduos está consumindo mais e por mais tempo. Da mesma forma, há novos comportamentos sociais, como a crescente independência da mulher e sua participação no mercado de trabalho, a redução do número de filhos por casal, e a elevação do número de pessoas separadas ou que decidem viver sós por opção. Esses fenômenos demográficos recentes estão alterando completamente o mercado, pois mudam as relações sociais, os centros de interesse, os desejos de compra, os hábitos de consumo.

A crescente preocupação com a sustentabilidade do planeta é outro importante elemento que vem provocando grandes alterações no mundo corporativo. As bolsas de valores estão criando índices que valorizam a tendência do mundo empresarial em priorizar as iniciativas de preservação do meio ambiente.

Nesse cenário turbulento, desapareceram corporações que pareciam sólidas. Ganharam solidez empreendimentos que pareciam brincadeiras de adolescente. E, ainda que muitas organizações operem em céu de brigadeiro, todas elas, sem exceção, precisam cuidar permanentemente da manutenção e melhoria de suas vantagens competitivas sustentáveis.

Gestão estratégica de mudanças corporativas tem o objetivo de auxiliar as empresas a sobreviver em meio à turbulência. Oferece um caminho, não tem receitas prontas. Deixa para o leitor a reflexão sobre a maneira de gerir sua empresa, olhando para sua realidade particular, resolvendo se a empresa precisa mudar, qual a intensidade da mudança e que direção tomar.

Este livro tem conteúdo prático para os acadêmicos e informação acadêmica para os práticos. Busca referência em obras inspiradoras, algumas já consagradas e outras menos conhecidas. Para os acadêmicos, traz exemplos e aplicações, demonstrando a materialização dos conceitos no dia a dia das organizações. Para os práticos, mostra as teorias que sustentam os principais modelos de decisão.

Administrar é entender o comportamento do consumidor, o exercício da liderança e as forças do mercado. Os modelos teóricos refletem apenas parte de uma realidade complexa e multifacetada, com variáveis que mudam a todo momento, e em cujo centro está o ser humano, ao mesmo tempo racional e instintivo. Sendo a administração uma ciência humana, suas fontes de conhecimento não estão nos laboratórios. Suas teorias são baseadas na experiência prática. No entanto, a administração também conta com um alentado arcabouço teórico e metodológico, que utiliza uma série de fundamentos de outras ciências, por exemplo, economia, sociologia, psicologia, matemática, física e biologia.

Se a teoria funciona como uma moldura colocada diante da imensa paisagem, recortando uma cena para estudo aprofundado e sistemático, as habilidades pessoais dos executivos e empreendedores são essenciais para a qualidade da gestão. Assim como um músico não se transforma em virtuose apenas pelas horas de estudo, o administrador precisa somar ao conhecimento teórico uma boa dose de sensibilidade, de talento, de capacidade de "ver quando olha".

Depois de mais de 30 anos gerindo organizações em momentos críticos, resolvemos escrever sobre gestão neste mundo em permanente mudança, pensando nas enormes dificuldades que os administradores enfrentam. O livro é a nossa reflexão sobre um acumulado de conhecimento, resultado de estudo e da experiência prática. Trata de *renovação corporativa*, ou *turnaround* – uma mudança de curso que as companhias empreendem para permanecerem liderando nos seus respectivos mercados.

O turnaround tem como arcabouço as técnicas normais de administração, que devem ser aplicadas de forma rápida, muitas vezes sem todas as informações necessárias, e não há espaço para tentativa e erro, uma vez que, em geral, a situação da empresa é muito crítica. Não existe receita mágica ou radicalmente inovadora para salvar uma corporação do caos. Todavia, o fato é que se consegue realmente mudá-la com os métodos mostrados aqui. São modelos de gestão, não obrigatoriamente de turnaround, e é com eles que conseguimos analisar a situação e mudar o curso de ação.

Nosso objetivo nesta obra é mostrar como usar a teoria para que ela enriqueça a prática. Fizemos uma filtragem, selecionando o que vimos funcionar bem na condução das empresas pelas quais passamos. Elaboramos uma matriz de turnaround que permite ao administrador formar o quadro e tomar suas decisões. Trata-se de uma hipótese lastreada mais na prática do que na teoria. Não pode ser considerada como modelo científico, uma vez que não contou com o rigor metodológico dos estudos acadêmicos. Entretanto, acreditamos, facilita a visualização de circunstâncias complexas e, por vezes, aflitivas pelas quais passa uma organização.

Cada um dos nove capítulos do livro aborda um tema específico e pode ser lido separadamente. O leitor pode seguir uma ordem de leitura diferente da que é oferecida aqui, atendendo seu próprio interesse e sua necessidade. São estes os capítulos:

1 – *Turnaround* – Enfoca os momentos críticos nos quais a empresa precisa redirecionar sua rota para não sucumbir.

2 – *Ciclos de negócios* – Mostra como as aceleradas mudanças econômico-sociais criaram um ambiente turbulento para as empresas, com mais competição, ciclos econômicos curtos, volatilidade econômica e dificuldade para planejar os passos seguintes.

3 – *Mercado* – A partir do modelo das cinco forças de Michael Porter e da ideia de competência essencial de C. K. Prahalad e Gary Hamel, são analisadas as condições de sobrevivência em um mercado que não tem como garantir estabilidade econômica a empreendimento algum.

4 – *Empresa* – Apresenta várias técnicas de análise de empresa, algumas amplamente utilizadas, como Análise Swot, Matriz Produto-Mercado, BSC e BCG.

5 – *Estratégia* – Explica o que é estratégia, quando se muda uma estratégia, como alinhar estratégia e estrutura e como criar vantagem competitiva sustentável.

6 – *Finanças* – Traz conceitos de macro e microeconomia, mostra indicadores utilizados pelos administradores financeiros, analisa as principais ferramentas de gestão financeira, como balanço, resultados, EBITDA, EVA, e mostra relações entre as técnicas.

7 – *Planejamento e orçamento* – Expõe modelos para programar passos futuros sem engessar a empresa. Revê paradigmas e amplia o horizonte de ação do administrador.

8 – *Capital humano* – Fala de liderança, aprendizagem organizacional, remuneração e outros assuntos. Mostra como desenvolver e manter uma visão única.

9 – *Tomada de decisão* – Aborda o talento, a arte e a ciência de alinhar fatores não exatamente controláveis e tirar deles o melhor caminho. Quando se conhece uma parte do quadro e se desconhece outra parte, como decidir que ação tomar? Como optar por um risco e não por outro? O capítulo busca responder a questões desse tipo.

Conclusão – Destaca a importância do tomador de decisão no processo do turnaround.

Apêndice – Inclui as demonstrações financeiras da Gerdau, Perdigão e Sadia.

Neste livro traçamos um caminho que tivemos a oportunidade de confirmar em três décadas de prática. Esperamos que nossa contribuição seja verdadeiramente útil aos colegas administradores.

CAPÍTULO 1

TURNAROUND

GENIALIDADE É UM POR CENTO INSPIRAÇÃO E NOVENTA E NOVE POR CENTO TRANSPIRAÇÃO.
(Thomas A. Edison, 1847-1931)

1.1 O QUE É TURNAROUND

As expressões renovação corporativa ou turnaround significam mudar substancialmente a performance de uma empresa, não raro tirando-a de uma rota de declínio para colocá-la em crescimento. Trata-se de mudança de rumo, ou seja, redirecionamento para a obtenção de resultados superiores aos da média do mercado, de maneira sustentável.

Em casos extremos, quando a companhia vai de mal a pior, apresentando enormes prejuízos, simplesmente enxugar o quadro não é uma saída. Será necessário analisar as condições internas e externas e promover uma sequência de transformações, até mesmo contratando uma consultoria especializada em gerência interina, se necessário. É preciso implementar ações de fôlego: estancar perdas financeiras, reduzir custos, renegociar o perfil da dívida, gerar caixa rapidamente, excluir redundâncias de pessoal, racionalizar o portfólio de produtos[1], aumentar a produtividade, investir em treinamento e tecnologia, gerir a administração tributária e fiscal, adequar o planejamento estratégico e, eventualmente, preparar o negócio para uma possível venda. É essencial motivar a participação da cúpula da empresa em todas as etapas dessa renovação.

Quando está em risco a sobrevivência da organização, tudo precisa ser feito rapidamente, sob a coordenação de alguém com longa experiência, que traga *insights* úteis e

---

[1] A palavra produto está sendo usada para designar produto e serviço, visto que todo produto implica serviço e todo serviço implica produto, em maior ou menor intensidade.

faça movimentos decisivos e corajosos sem hesitação. Além disso, é necessário que todos os envolvidos encontrem a humildade e as habilidades necessárias para examinar eventuais erros cometidos e modificar a maneira de pensar. Eventualmente, a cultura organizacional também precisa ser revista.

Contudo, turnaround não significa obrigatoriamente uma intervenção traumática. Empresas saudáveis e lucrativas também podem optar por fazer uma grande mudança de rota para passar a funcionar em condições mais confortáveis. É comum as companhias crescerem e, na fase de mais exuberância, enfrentarem, por exemplo, uma crise de gestão. Nos diferentes estágios do desenvolvimento organizacional, surgem diferentes crises e novos desafios. Portanto, em qualquer etapa, é importante que a empresa repense sua atividade e, se vir necessidade, não hesite em mudar de conduta a tempo de evitar um contexto doloroso.

Uma coisa é reverter uma situação altamente estressante com ações dramáticas para evitar a falência a curto ou a médio prazo, estancar a sangria de dinheiro e garantir a sobrevivência da organização com aparente – apenas aparente – sacrifício da visão de futuro. Outra coisa é antecipar-se às crises e promover a tempo saudáveis correções de curso.

Muitos interpretam o turnaround como uma total virada no negócio. Esse não é o ponto de vista defendido neste livro. A definição de turnaround é ampla e não identifica graus de intensidade. Além disso, nem sempre é necessária a intervenção de um profissional externo para que haja um turnaround. O ideal é que as alterações ocorram sempre que preciso ou quando algum sinal de queda de desempenho seja percebido – esses são fatos normais na administração empresarial. Tais cuidados devem ser maiores na turbulenta época atual. O administrador deve avaliar frequentemente as condições externas e internas e, se achar que é o caso, alterar os rumos para que a empresa continue obtendo bons resultados. Muitas vezes, nesse movimento, ele pode até mesmo mudar a estratégia da empresa.

O especialista em turnaround para momentos críticos era uma espécie desconhecida no mundo corporativo até pouco tempo atrás. Entretanto, no ambiente de instabilidade em que vemos corporações poderosas ruírem e sumirem do mercado, esse profissional tem sido mais procurado do que nunca, seja para operar como consultor externo, ou como CEO, ou substituindo outros diretores executivos.

Assim como um médico de UTI, cuja missão primordial é preservar a vida do paciente na hora de perigo, o especialista em turnaround luta contra o tempo. Ele parte dos mesmos princípios que movem todos os administradores, com a diferença de que age em situação de crise profunda. Quando uma empresa é forçada a mudar de rumo para não morrer, a virada precisa ser conduzida por alguém que detenha amplo *know-how* e utilize técnicas mais apuradas. Como a situação exige critério de avaliação mais rigoroso do que os utilizados em tempos normais, ele tem que fazer um monitoramento estreito dos indicadores. Longa experiência é elemento imprescindível no seu perfil.

1.2   QUANDO FAZER UM TURNAROUND

Mudar a trajetória de uma empresa é uma tarefa extremamente difícil. Por isso, em geral, só é considerada quando há problemas sérios no horizonte. Mesmo assim, uma vez detectada a dificuldade, seus executivos frequentemente passam por um período de negação, depois de raiva, barganha, depressão – o mesmo e conhecido ciclo da descoberta de uma doença terminal. A aceitação costuma surgir só quando a deterioração é inconteste, com pedidos de falência, negação de crédito, ações judiciais. Quando os gestores percebem e aceitam logo os sinais de crise, têm grandes chances de cuidar das causas antes que seja tarde. Infelizmente, algumas empresas gastam tempo demais em intermináveis discussões sobre a origem dos problemas até que alguém consiga convencer os demais de que o navio está fazendo água e é preciso agir de pronto.

O fracasso organizacional ocorre quando uma companhia apresenta resultados decrescentes, sejam financeiros (declínio da margem, aumento do endividamento, redução do capital de giro) ou não financeiros (redução da participação de mercado, *turnover* de executivos, moral baixo). O declínio se evidencia na comparação com as concorrentes ou com a própria história da organização.

Um forte indicador do posicionamento de uma empresa é a sua lucratividade em relação à média da sua indústria. Se estiver acima da média, estará sinalizado o acerto na estratégia. Se estiver abaixo, algo está errado. Se for detectada a diminuição da lucratividade, resta verificar os antecedentes e definir o melhor procedimento a seguir. O problema pode ser consequência de uma estratégia equivocada ou da implementação deficiente de uma boa ideia, ou decorrer de causas externas.

Outro indicador importante é a taxa de crescimento: quando a empresa cresce menos do que a média do setor, demonstra que está perdendo participação de mercado. Satisfação e lealdade dos clientes, avaliadas em pesquisas de mercado, representam outra fonte confiável para informar se há problemas à vista.

Mesmo na ausência de sinais de declínio, há configurações do *status quo* das empresas que exigem atenção especial dos gestores, pois representam crise potencial. Não é necessário aguardar algum sinal de perigo iminente para promover os redirecionamentos exigidos.

A mudança de curso é mais facilmente entendida e aceita quando a empresa é penalizada pelo rumo em que está. A velha frase "em time que está ganhando não se mexe", que vale em muitos casos, nem sempre é um bom conselho. Quando a empresa tem sucesso, bem como ótimos resultados, comemora aumento na participação de mercado e ninguém quer pensar em perigo. Esse é, em si, o perigo. O crescimento acelerado sem planejamento e equilíbrio pode quebrar uma empresa. É bom crescer, mas dentro da capacidade de gerenciamento, sem violar os princípios básicos dos negócios.

Fatores internos são estatisticamente os maiores responsáveis pelo fracasso. Padrões recorrentes de condutas desastrosas, incompetência ou visão estreita, somados à dificuldade para ver sinais de declínio, costumam fazer parte do histórico das empresas que quebraram por má gestão. São sintomas visíveis de mau gerenciamento: falta de profundidade, sucessão de problemas mal resolvidos, burocracia nos processos, executivo financeiro fraco, *board* uniforme demais – ou seja, constituído só por pessoas com perfis semelhantes –, *board* sem o adequado entrosamento ou sem definição clara de papéis entre diretores e gerentes.

Não acompanhar as mudanças na indústria, falhar nos controles operacionais, diversificar excessivamente para "estar em todas" são erros que podem tornar uma organização demasiadamente frágil diante do mercado. Outro motivo de fragilidade é um fundador excessivamente centralizador. Na fantasia de ser insubstituível – coisa que ninguém pode ser em uma organização –, o fundador cria um *board* desmotivado e despreparado para assumir a direção na sua ausência.

Também representam condições perigosas: descuidar do relacionamento com os investidores (especialmente se houver declínio financeiro), operar com excessivo grau de alavancagem, ter uma inadequada estrutura de capital, não cultivar boa base de clientes, ter uma atitude esquiva e descuidada com os fornecedores, operar sem planejamento. Além disso, são fontes de risco os problemas de relacionamento na família dona do negócio e a negligência no processo de sucessão de donos ou do executivo principal.

Além dos motivos de declínio próprios à organização, há os motivos ligados ao ambiente em que a empresa se insere. Determinados agentes têm grande influência no desempenho de uma organização: sindicato de empregados, regulamentos e controles governamentais e jurídicos, ONGs diversas, grupos de consumidores, fornecedores de energia e matérias-primas.

I.3   A MATRIZ DO TURNAROUND

Dois fatores determinam o vigor e a abrangência de um turnaround e emolduram o problema a ser enfrentado: *urgência* e *gravidade*. O Quadro 1.1 representa as composições desses dois fatores e é uma orientação útil para diagnóstico. O fator *urgência* se refere ao tempo mais longo ou mais curto em que as mudanças precisam ser efetuadas, e o fator *gravidade* está relacionado com a natureza do problema organizacional, a geração de caixa operacional (EBITDA[2]) e os níveis de endividamento ou restrição de crédito.

		URGÊNCIA	
		Alta	**Baixa**
GRAVIDADE	**Alta**	**Turnaround radical** ① • demissões • downsizings • fechamento de unidades deficitárias • desativação de linhas de produtos • foco na terceirização de atividades	**Decisão radical de médio prazo** ② • venda do negócio ou de parte • fusões • mudança de portfólio • reestruturação organizacional
	Baixa	**Mudanças específicas** ③ • antecipação de problemas • revisão de processos • redução de investimentos	**Ajustes a médio e longo prazos** ④ • acompanhamento • revisões e questionamentos periódicos • envolvimento das equipes para soluções

Fonte: Elaborado pelos autores.

QUADRO 1.1 Matriz de turnaround

No quadrante 1, a situação é mais dramática, uma vez que representa a necessidade urgente de um turnaround radical. Nas condições do quadrante 2, os problemas são graves, mas há tempo para negociar e resolvê-los, ou seja, não implicam um turnaround radical. As decisões são de médio prazo: vender determinada linha, pensar em fusão e outras providências. No quadrante 3, em que há restrição de tempo mas a gravidade é baixa, inserem-se as mudanças específicas, como antecipação de problemas, revisão de processos etc. O quadrante 4, em que a urgência e a gravidade são baixas, a questão é apenas de monitoramento.

Os dois quadrantes de gravidade alta exigem mais cuidados e serão tratados em mais detalhes nos próximos parágrafos, abordando-se também os quadrantes 3 e 4.

QUADRANTE I

Na maioria das vezes, é fácil identificar as empresas que se encontram "com a água já pelo pescoço", mas é difícil diagnosticar as causas de tal situação. Os sinais de gravidade e urgência são muito claros, e entre eles os mais comuns são déficit de caixa por diversos

---

[2] Conceito discutido no Capítulo 6.

meses seguidos, liquidez e endividamento piorando mês a mês, crédito com as instituições financeiras cada vez mais difícil, e nível de negócios, indicado pelo valor do faturamento, crescendo abaixo dos níveis do mercado ou efetivamente decrescendo.

Nesse contexto, os bancos e até mesmo os fornecedores começam a relutar em renovar as linhas tradicionais de crédito, e é comum exigirem garantias de pagamento que nunca haviam solicitado antes.

Os resultados apresentados no balanço começam a se deteriorar, com queda na lucratividade e geração de prejuízos operacionais frequentes. Esse processo traz redução da liquidez (retratada claramente nos balanços) e consequente aumento do endividamento a níveis críticos.

Todos esses indicadores são facilmente identificados e mostram que a situação é grave. Normalmente se diz que a empresa está com problemas financeiros, uma forma simples de justificar a situação crítica do negócio. No entanto, a questão financeira é apenas um sintoma, a consequência de decisões equivocadas tomadas no passado. Em muitas situações, o problema decorre de investimentos malfeitos ou financiados com fontes de recursos inadequadas para o perfil do projeto realizado. É muito comum não se observar que, para um investimento com maturação de longo prazo, deve haver uma fonte de financiamento com prazo de pagamento também longo. Uma boa alternativa é a obtenção de recursos pelo aumento de capital, o que não implicaria custos financeiros. Mas essa alternativa em geral é difícil de se viabilizar quando a empresa já está com os sintomas anteriormente comentados.

Outras causas prováveis de declínio podem ser relacionadas a linhas de produto deficitárias, clientes deficitários, estruturas organizacionais muito maiores do que o necessário, políticas comerciais erradas e até mesmo roubos e desvio de recursos. Os motivos podem ser identificados mediante a análise de rentabilidade por produto e por cliente. Nem sempre, entretanto, esses dados estão disponíveis com muita clareza. Se determinada linha de produto traz prejuízo, é preciso perguntar por quê: A causa seria o preço ou o custo? Alguns clientes dão prejuízo, enquanto outros dão lucro. Mas o que faz estes darem lucro? O que faz aqueles darem prejuízo? Cortar determinados clientes mudaria o quê? Desativar determinado produto resultaria em quê? Cortar linhas ou pessoal é uma das primeiras soluções que vem à mente dos administradores. Entretanto, a causa do prejuízo pode ter sido um exagero cometido pela área comercial ao oferecer descontos grandes demais e, então, a saída poderia ser diferente de fazer cortes. São inúmeras as perguntas e todas têm que ser analisadas.

Na condição crítica do quadrante 1, os dirigentes estão estressados e sentem pressão de todos os lados. Mesmo depois de identificadas as causas, é difícil, para eles, aceitá-las. Às vezes, é trabalhoso realizar um diagnóstico claro e objetivo, porque o nível de colaboração e de interesse é muito afetado pelo clima organizacional e pelo medo das pessoas de serem associadas a decisões erradas do passado. O gestor de turnaround precisa ter muita experiência, pois levantar questões difíceis e trazer soluções demandam grande bagagem teórica e prática. Ele deve conhecer muito bem o mundo corporativo e dominar conceitos de administração, de finanças, de estratégia e de marketing.

Em geral, quando a situação está bastante deteriorada, há mais colaboração, e fica mais fácil implementar o processo de mudança. Se alguém está na UTI, a família não fica preocupada com as cicatrizes posteriores, mas com a manutenção da vida do doente.

Não há tempo a perder e, com frequência, não é possível ter todas as informações necessárias para uma análise detalhada, mas é fundamental conseguir entender o que levou a empresa a tal situação e, ao mesmo tempo, desenvolver caminhos alternativos para colocá-la novamente nos trilhos. As questões listadas a seguir precisam ser trabalhadas rapidamente, mesmo que de maneira incompleta:

– Avaliar os resultados por linha de produto, por cliente, por região e por unidade de negócio ou fábrica.

– Entender por que os itens deficitários identificados na etapa anterior estão com problema de desempenho. São causas prováveis:

  • políticas comerciais equivocadas implementadas no passado;
  • preços e descontos exagerados;
  • custos variáveis mal-administrados;
  • custos fixos elevados;
  • problemas relativos ao mercado, como excesso de concorrência, dificuldades com fornecedores e clientes;
  • tecnologias utilizadas que geram custos de produção maiores por baixa produtividade ou por desperdício de matérias-primas;
  • problemas logísticos que geram custos de distribuição elevados.

– Avaliar se os custos administrativos e comerciais estão em níveis adequados para o negócio.

– Analisar a estrutura de capital e a forma de financiamento em relação aos custos e ao perfil dos empréstimos existentes.

Para fundamentar as análises, utilizam-se indicadores setoriais, nacionais e internacionais, como *benchmarking* para a empresa. A velha máxima "contra números não há argumentos", muitas vezes, evita discussões infindáveis sobre juízo de valores que pouco acrescentam ao processo decisório, principalmente quando se tem urgência na tomada de decisão.

QUADRANTE 2

Havendo gravidade alta e urgência baixa, as decisões radicais serão tomadas em médio prazo. Nessa situação, encontram-se as empresas com problemas em parte de suas operações, mas cujo impacto no negócio não está afetando a saúde financeira em curto prazo. Isso acontece, por exemplo, quando uma linha de produtos de menor importância relativa no portfólio traz prejuízo, ou se algum segmento de mercado – ou grupo de clientes – vem apresentando baixa lucratividade, ou mesmo quando uma de diversas unidades de negócios ou fábricas é deficitária.

Desde que esses problemas não afetem significativamente os resultados e a geração de caixa operacional da empresa toda, sua solução definitiva pode ser desenvolvida sem a urgência que se observa nos casos classificados no quadrante 1.

O processo de avaliação é basicamente o mesmo, com a diferença de que o gestor terá mais tempo para coletar as informações e tomar as decisões exigidas para corrigir a situação. Fazem-se necessárias as mesmas indagações já apresentadas, ou seja, é preciso descobrir o que está levando a essa situação: se os investimentos vêm sendo feitos de maneira equivocada, se a política comercial é inadequada, se os custos de produção estão altos demais, se a distribuição não está bem, se o *overhead*[3] está muito alto, ou se há algum problema ligado à tecnologia.

Depois de diagnosticar a dificuldade, o gestor precisa planejar a correção das falhas, com tempo suficiente para envolver toda a equipe, tanto na análise quanto na implementação da solução, que pode ser venda da unidade de negócio em questão, ou desativação da linha de produtos e mudança no portfólio da empresa, ou, ainda, uma reestruturação organizacional caso o problema seja de ordem administrativa.

QUADRANTE 3

Nessa situação, a empresa se defronta com problemas de baixo impacto nos resultados, portanto com gravidade baixa, mas que precisam ser sanados logo porque ou afetarão o crescimento futuro, ou representam falhas em processos importantes, comprometendo o desempenho atual da organização. É comum se postergarem investimentos em gargalos na produção, priorizando a lucratividade de curto prazo em detrimento do

---

[3] *Overhead*: despesas gerais indiretas.

crescimento. Nesses casos, é melhor planejar o saneamento de tais restrições para evitar problemas futuros.

Também se verificam com certa frequência falhas na informatização de processos--chave. A companhia aprende a conviver com sistemas incompletos ou mesmo inadequados, quando o ideal é colocá-los em pauta e, com o devido empenho, resolvê-los.

É comum a manutenção de linhas de produto enfraquecidas, sem a rentabilidade adequada e, muitas vezes, causadoras de prejuízo para a organização. A tendência é postergar uma decisão mais grave de desinvestimento, seja por motivos emocionais ou por razões políticas. Nessa situação, deve-se ter a determinação para eliminar os itens deficitários e alocar as energias da empresa em outros setores.

QUADRANTE 4

Nesse quadrante se incluem muitas situações problemáticas como processos imperfeitos, parte das equipes comerciais com resultados aquém do esperado, clientes com resultados abaixo da média e outras questões que, embora tenham pouca importância relativa, precisam ser solucionadas para evitar que no futuro possam interferir no desenvolvimento da empresa. Nesses casos, torna-se importante fazer acompanhamento e monitoramento para que entrem na pauta de planejamento da equipe para futuras discussões e soluções.

I.4 ESTÁGIOS DE UM TURNAROUND

No processo de renovação corporativa, o primeiro passo a ser dado é fazer um diagnóstico estratégico-operacional para identificar os maiores problemas e as melhores oportunidades do negócio. Em seguida, elabora-se um plano de trabalho e, depois, concretiza-se o plano. Não é uma empreitada fácil, uma vez que todas as áreas da empresa precisam ser estudadas para que as causas sejam conhecidas e se escolham soluções que realmente garantam a continuidade do empreendimento. Quando não há internamente pessoas preparadas ou quando há oposição entre setores da cúpula, a melhor alternativa é a contratação de uma gerência externa, que terá a função de dirigir a empresa até a retomada do crescimento.

As situações críticas de turnaround costumam ocorrer na seguinte ordem:

Estágio 1 – Mudança do gerenciamento, quando for o caso. Esse é um momento difícil, pois em sua maioria os CEOs ou presidentes não abrem mão do poder facilmente e resistem à ideia de que não estão obtendo êxito.

Logo a seguir são afastados os membros do *board* que possam trabalhar contra o esforço de mudança e, então, é montada uma equipe para liderar o processo. Como mencionado, quanto maior for a intensidade do problema, maior será a aceitação das mudanças.

Já nesse estágio, caixa e custos também são pontos prioritários.

Estágio 2 – Avaliação, construção de um plano de turnaround, identificação de problemas e soluções, plano de ação preliminar e comunicação do projeto.

O gestor avalia as chances de sobrevivência da empresa, diagnostica as forças e as fraquezas da organização, faz um mapeamento dos recursos disponíveis e elabora um plano de ação preliminar, dando atenção especial às áreas de posição competitiva – engenharia e P&D, finanças, marketing, operações, estrutura organizacional e capital humano.

Ao mesmo tempo, dialoga com os vários grupos envolvidos: credores, empregados, consumidores, vendedores e fornecedores. O condutor do turnaround terá que usar de franqueza no diálogo, pois as pessoas podem estar carregadas de medo e rancor, conforme tenha sido a história recente da relação com a empresa.

O passo seguinte é desenvolver um plano estratégico detalhado e apresentá-lo para os *stakeholders* mais importantes no processo: conselho de acionistas, diretores, gerentes, empregados, banqueiros, credores majoritários e fornecedores.

Nesse estágio, os focos estão tanto no mercado quanto nos processos internos.

Estágio 3 – Interrupção emergencial da hemorragia de caixa, desmobilização, desinvestimento, encolhimento e o que mais for necessário para a continuidade do negócio.

Dinheiro é o líquido vital de qualquer empresa. O gestor precisa tomar decisões rápidas para interromper a sangria e buscar fontes emergenciais de receita. Muitas vezes, precisa demitir pessoas e fechar ou vender unidades. Inevitavelmente, o clima organizacional se torna ruim nessa etapa. Mas o que importa é garantir a consistência do lucro e consolidar as conquistas.

Outros esforços para uma rápida solução das perdas podem ser ações financeiras, de marketing e operacionais, para reestruturar débitos, reduzir custos, melhorar o capital humano, melhorar práticas orçamentárias e de precificação, suprimir linhas de produtos e acelerar os produtos com alto potencial de venda.

Estágio 4 — Estabilização, visão de futuro, investimentos para preservar o *core business*, reposicionamento da empresa.

Nessa fase, o esforço é dirigido para tornar efetivas e eficientes as operações em curso e voltar à rentabilidade. É o estágio mais delicado de todos, pois implica obter retorno dos investimentos. A situação financeira resultante dos estágios anteriores será determinante para a sobrevivência da companhia. A essa altura, o mix de produtos pode ter mudado, demandando um novo posicionamento no mercado.

Estágio 5 — Retorno à rota normal de crescimento.

Nessa etapa final, a companhia lentamente retoma a rentabilidade. Todo esforço é feito para garantir que a cultura de lucratividade fique impregnada em todas as ações. Volta a ser possível investir mais em marketing, lançar novos produtos, fazer novas alianças estratégicas. As preocupações com o fluxo de caixa dão lugar a financiamentos de longo prazo, contabilidade gerencial e sistemas de controle. Essencial nesse último estágio é a mudança operada na cultura organizacional – a transformação do antigo pessimismo em esperança.

Em qualquer desses estágios, podem ser criados comitês especiais para executar tarefas específicas. Essa é uma forma de blindar a operação para que a organização continue caminhando apesar da crise. É extremamente oportuno criar comissões de crise, de caixa e de comunicação.

Durante todo o turnaround, o gestor pode estar pensando na venda da empresa para uma organização capaz de operá-la com mais eficiência do que a administração anterior. Efetivamente, algumas companhias recebem ofertas de compra ainda nos primeiros estágios do turnaround, uma vez que consigam vencer suas dificuldades e demonstrem tendência irrefutável ao crescimento. Qualquer que seja o caso, a venda deve ser vista com otimismo, pois representa um grande avanço em relação à situação anterior de declínio.

1.5 OBJETIVOS DE UM TURNAROUND

Quando a crise é profunda, tudo precisa ser feito rapidamente em um clima organizacional quase sempre desfavorável. A elaboração de um plano de turnaround começa pela análise de todas as atividades da empresa, e não apenas das ligadas a finanças e marketing, pois a totalidade do negócio está em xeque.

Ao final de um turnaround bem-feito, observa-se que os processos gerenciais estão mais adequados, os controles passaram a ser mais rígidos, os executivos estão mais alinhados às metas, há liderança clara, o conselho de administração tornou-se mais ativo e focado.

Os resultados também aparecem no crescimento significativo das vendas rentáveis, no aumento do lucro da atividade e das vendas por empregado, na melhoria substancial do EBITDA e, ainda, na redução da dívida com fornecedores, dos compromissos fiscais e de financiamento. Não é improvável que toda a estrutura corporativa tenha sido redefinida. Em alguns casos, havendo interesse dos acionistas, fica viável a venda para concorrente capitalizado ou a supressão dos produtos e negócios deficitários. A principal conquista da renovação corporativa é reverter uma condição de risco em um novo patamar para criar o futuro.

1.6   EMPREENDIMENTO SUSTENTÁVEL

Se determinados fatores de declínio são imprevisíveis e devastadores, inúmeros outros podem ser evitados ou administrados. Nos capítulos seguintes são discutidas algumas formas de prevenção, calcadas no estudo do mercado e em ferramentas de avaliação, com o intuito de contribuir para a análise da empresa e de suas relações com o ambiente externo. Apresenta-se uma atualização de conceitos acadêmicos e suas aplicações práticas que são sempre úteis, qualquer que seja a intensidade da mudança ou a turbulência do cenário. Com isso, o leitor poderá verificar se deve promover mudanças drásticas em sua empresa, se necessita apenas identificar e realizar pequenos ajustes ou se, felizmente, tudo anda às mil maravilhas e não há demanda de turnaround à vista.

REFERÊNCIAS

BROWN, Shona L.; EISENHARDT, Kathleen M. *Competing on the edge:* strategy as structured chaos. Boston, Massachusetts: Harvard Business School Press, 1998.

DONALD, B. Bibeaoult; BEARD, Books. *Corporate turnaround:* how managers turn losers into winners!. Washington D.C., originally published: New York: McGraw-Hill, 1982.

TURNAROUND MANAGEMENT (TMA). Disponível em: <www.turnaround.org>.

CAPÍTULO 2

CICLOS DE NEGÓCIOS

SÓ A INCONSTÂNCIA É CONSTANTE.
(HJC von Grimmelshansen, 1621-1676)

Todos os dias de manhã, na África, o antílope desperta. Ele sabe que terá de correr mais rápido que o mais rápido dos leões para não ser morto. Todos os dias, pela manhã, desperta o leão. Ele sabe que terá de correr mais rápido que o antílope mais lento para não morrer de fome. Não interessa que bicho você é, se leão ou antílope. Quando amanhece, é melhor começar a correr.

Provérbio citado no livro *O mundo é plano*, de Thomas L. Friedman.

Os ciclos econômicos têm sido objeto de vasta análise por parte de historiadores, economistas e, nas últimas décadas, também de acadêmicos de administração de empresas. Comparando os tipos de ciclo que ora vivemos aos ocorridos anteriormente, discute-se de modo acalorado se os atuais são mais ou menos intensos, se possuem o mesmo grau de previsibilidade ou se têm intervalos análogos. Há muito estão em pauta temas polêmicos, como as origens das crises nos mercados e a busca de um roteiro para detê-las ou explorar as oportunidades que trazem.

Apesar de tão nobre e qualificado esforço, empreendido tanto nas universidades quanto fora delas, os resultados não aparecem de maneira consistente nas empresas. Diante de crises e oportunidades concretas, nem sempre os administradores se sentem respaldados pelo arcabouço de conhecimento disponível, mesmo lançando mão de todo rigor metodológico, analisando e comparando casos e contextos.

Os ciclos, sempre presentes na história econômica, comportam os momentos ideais para o rompimento de antigos paradigmas e o surgimento de novos. Entender as rupturas que eles instauram é a forma mais eficaz de responder ao desafio real enfrentado na vida corporativa diante das oscilações dos mercados.

2.1 DESTRUIÇÃO CRIATIVA

A turbulência já havia sido analisada no início do século passado por Joseph Schumpeter (1883-1950), economista austro-americano considerado o maior crítico não comunista do capitalismo. Ele registrou que, diferentemente de outros sistemas econômicos, o capitalismo é gerado por incessante mudança, em que o processo de *destruição criativa* é o fator essencial: algo é destruído para dar lugar ao novo.

A sociedade retratada por Schumpeter não é fácil nem confortável. Nela, o desenvolvimento é impulsionado pela inovação e pelo risco, e o sistema capitalista encontra a semente de sua própria destruição no constante ciclo de abandono e renovação de técnicas e processos. Schumpeter classificou as inovações que trazem mudanças em cinco tipos, dois focados no processo de produção e três na inovação de produto: novos processos de produção; nova fonte de suprimento de matéria-prima ou produtos semiacabados; novo bem ou nova qualidade de bem; abertura de um novo mercado; nova estrutura industrial como criação ou destruição de posições monopolistas.

Embora a destruição do capitalismo não tenha ocorrido e, muito pelo contrário, ele tenha se tornado um sistema hegemônico, a visão schumpeteriana é extremamente atual e continua sendo confirmada pelos fatos, com a característica de que as mudanças são cada vez mais aceleradas. A necessidade de repensar o futuro e desenvolver sempre novos modelos de negócio é um fator de pressão constante na cúpula das empresas. Os administradores não podem mais se basear nos dados do passado para projetar o futuro, pois o passado perde relevância rapidamente. O novo ambiente leva as organizações a abandonarem parâmetros ultrapassados e a procurarem outros pontos de referência. Estamos vivendo em uma nova economia, um novo mercado, um novo mundo.

Elemento ativo nas relações econômicas, a empresa está se tornando mais dinâmica internamente. Seus gestores sabem que mais importante do que olhar para o passado é estudar os dados do presente e completar a informação recebida, sempre cientes de que veem apenas parte de uma realidade complexa. Se até hoje uma organização funcionou bem de uma forma, não há qualquer garantia de que amanhã obterá sucesso da mesma forma. Em todos os setores, é necessário monitorar o ambiente, como que infiltrando escutas e sensores no mercado.

Ciclos econômicos baseados em expansão e globalização de mercados, impulsionados por novas tecnologias, não são coisa nova. Já se faziam presentes nos relatos de Marco Polo a Kublai Khan há quase mil anos[1]. Nisso, o século XXI não trouxe muitas mudanças, pois produtos e empresas continuam tendo as fases de introdução, crescimento, maturidade e declínio.

Em passado recente, houve momentos em que a produtividade dos negócios caiu porque as empresas não conseguiam cortar custos e aumentar a eficiência de maneira rápida o suficiente para se adequar à queda da demanda. Na economia globalizada desse início de século, isso também ocorre, mas com velocidade inacreditável.

Invenções como o telégrafo, o automóvel, o avião e o telefone permitiram a livre circulação de ideias, combinadas e recombinadas de maneiras nunca antes imaginadas, gerando novos modelos de negócio, fazendo crescer o conhecimento e a riqueza de modo ímpar na história. E tudo isso é apenas uma sombra pálida do que parece vir pela frente. O preço do progresso, ainda lembrando Schumpeter, é a instabilidade. Os agentes da inovação, agora como antes, impulsionam as mudanças.

À primeira vista, as intensidades dos ciclos atuais parecem maiores em relação ao passado. Entretanto, as mudanças ocorridas na Revolução Industrial, por exemplo, foram tão intensas quanto muitas das atuais, apenas os ciclos eram mais longos. Hoje em dia, ainda que existam empresas de grande longevidade, assiste-se ao rápido aparecimento e desaparecimento de negócios.

2.2 A ERA DO CAOS? NÃO PARA TODOS

O formato em que são feitos os negócios transformou-se profundamente. O enorme aumento da concorrência tem levado as companhias a encurtar o ciclo de seus produtos, suprimir intermediários, procurar novos mercados, aperfeiçoar operações. Para isso, elas utilizam agressivamente as vantagens da nova tecnologia de informação. Conseguem substituir operações à primeira indicação de redução de demanda, mantendo a produtividade alta. A internet, por sua vez, transformou profundamente o comportamento dos consumidores, que agora contam com facilidades enormes para comparar preços, conhecer diferentes produtos, exigir qualidade. Fazer as transformações a tempo, bem como não perder terreno, exige de todos um esforço grande para apreender o presente – tão grande que mal se consegue pensar no futuro.

Cenário bem oposto era a economia da época de Schumpeter, caracterizada principalmente por bens físicos e com uma infinidade de mercados a explorar. Essa economia

---

[1] CONY, Carlos Heitor; ALCURE, Lenira. *As viagens de Marco Polo*. Rio de Janeiro: Ediouro, 2001.

continua em pleno funcionamento, com produção e demanda crescentes. Enquanto isso, um outro cenário emergiu, apoiado principalmente no espaço virtual criado pelos computadores e pelas novas formas de transferência de informação. Se a intensidade das mudanças se manteve, a dimensão temporal alterou-se por completo. A cada dia, os ciclos estão mais curtos e entrecortados por descontinuidades.

A Figura 2.1, Ciclo de negócio, representa tal aspecto da realidade atual. O desenho da parte superior mostra o espectro da mudança da economia tradicional para a nova economia. Na extremidade esquerda estão as empresas atuantes na economia tradicional. Para adjetivar esse setor, a imprensa norte-americana usa a expressão *brick and mortar* – tijolo e argamassa. No jargão brasileiro, usa-se o termo *economia dos tijolos*. O seu *timing* pode ser comparado à teoria biológica da evolução, de Charles Darwin, em que mudanças lentas, graduais e contínuas ocorrem por meio da variação, seleção e consolidação dos avanços obtidos. A literatura empresarial vem utilizando adequadamente essa metáfora até aqui. Entretanto, tal paralelo não atende a condição retratada no extremo direito da figura.

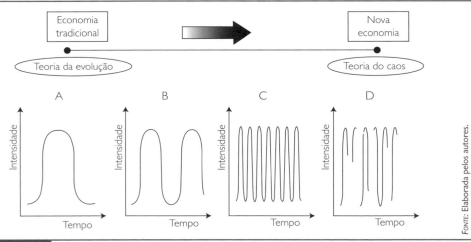

FIGURA 2.1 Ciclo de negócio

A nova economia é tremendamente influenciada pela tecnologia avançada e pela globalização, que propiciaram e ainda propiciam o aparecimento de atividades novas, a intensificação das já existentes e a extinção de tantas outras. São atividades desse cenário as telecomunicações, a tecnologia de ponta, a informática e os serviços financeiros, por exemplo. Esse universo, que lida primariamente com transmissão de informações, será aqui chamado de *mundo do bit*.

Nesses segmentos, em que impera a turbulência e tudo acontece com grande velocidade, a ideia que melhor descreve o carrossel de alterações é a teoria do caos, aplicável a sistemas não lineares cujo comportamento não pode ser totalmente determinado. Essa teoria trata do funcionamento de sistemas em que inúmeros elementos interagem e são, portanto, sujeitos a mudanças abruptas e imprevisíveis. Uma mudança ínfima em alguma das variáveis pode provocar grandes e duradouras variações no sistema todo, característica que dá ênfase à emergência, à surpresa e, eventualmente, a rupturas irreversíveis.

Na extremidade esquerda da figura, os ciclos permitem que a história pregressa de um negócio descreva tanto de maneira racional e lógica quanto de maneira intuitiva o momento seguinte. Dão a segurança e a capacidade de previsão ausentes no mundo do bit, em que o desenrolar dos ciclos não é contínuo.

Outra boa metáfora para a nova economia é o que o bioquímico Michael Behe chamou de *complexidade irredutível*: no nível molecular, determinados sistemas são formados não por modificações numerosas, sucessivas e pequenas, mas, ao contrário, pela emergência pontual e sincronizada das partes interativas. Como a função só existe pela integração das partes, a remoção de qualquer pedaço faria com que o sistema efetivamente entrasse em colapso. Nesses mecanismos biológicos, a teoria da evolução gradual não se aplica. Estes mecanismos repetem o princípio da ratoeira: apenas quando o todo está armado é que a função de cada parte tem sentido. Quem olhar as partes isoladamente não saberá para que elas servem. Ao fazer tal comparação, Behe deixa bem claro o caráter de ruptura, de revolução em vez de evolução. De maneira semelhante, na nova economia aparecem negócios já prontos e inteiros, formado por partes que só podem ser compreendidas pela sua função no todo. A emergência desses negócios faz com que os analistas tenham dificuldade em olhar um determinado ciclo de negócio no presente e prever qual será seu desenvolvimento futuro.

A física quântica é mais um paralelo possível para a nova economia, com seus saltos, descontinuidades, ambiguidades e incertezas. Nos atuais mercados, atraentes e voláteis, em que tudo acontece em tempo real, situações novas surgem a todo instante, obrigando o administrador a tomar decisões a partir de pedaços móveis da realidade, aceitando que não tem todas as informações. O concorrente surge de onde ele menos espera, seu cliente pode ser mais informado do que ele próprio, produtos excepcionais aparecem da noite para o dia. Enquanto na economia dos tijolos ainda vale o determinismo newtoniano, de objetos com pouca energia em relação à massa, trajetórias contínuas e possibilidade de análise de todas as variáveis, o mundo da informação tem a ver com o indeterminismo da mecânica quântica, com seus objetos de grande energia e pouca massa, em vez de localização fixa, uma probabilidade de localização, variáveis ocultas, influência entre objetos sem meio físico. Para conviver com a incerteza, mais do que conhecer a vastidão de coisas necessárias para tomar decisões, o administrador deve cercar-se de pessoas que tenham o conhecimento que lhe falta. Sua habilidade precisa estar muito mais em amalgamar perfis do que em comandar.

O esquema da parte inferior da figura mostra as diferenças entre economia tradicional e nova economia, destacando-se o encurtamento dos ciclos de negócios.

Nos gráficos A, B, C e D, a intensidade se mantém (eixo vertical), enquanto os intervalos de tempo diminuem progressivamente (eixo horizontal). No canto esquerdo, a curva A é uma senoide contínua e o espectro vai se modificando para curvas mais fechadas (B e C), com traçado mais tênue (C e D), apresentando, no final, curvas incompletas (em D). Estas últimas representam a atual turbulência vivida por certas indústrias. Quando a mercadoria muda de objeto físico para conteúdo, de *tijolo* para *informação*, entramos no ciclo caótico em que as coisas surgem e desaparecem do nada, sem experimentar continuidade.

No entanto, a economia tradicional está longe de se extinguir, como foi mencionado, e tende a se aproximar da turbulência característica da nova economia. A era do *tijolo* convive com a era do *bit*, e o casamento desses dois mundos é extremamente dinâmico.

A tecnologia da informação alterou definitivamente o dia a dia da administração de empresas. A modernização ocorreu em um piscar de olhos, em velocidade estonteante para os padrões antigos. Com maior ou menor intensidade, em todas as indústrias houve a supressão de cargos ligados a controles. As organizações estão mais horizontalizadas. A tecnologia da informação permite monitorar estruturas mais complexas.

Nos tempos de Frederick Taylor (1856-1917) e de Henri Fayol (1841-1925) não era possível administrar um conjunto grande de trabalhadores. Por isso, nos organogramas havia uma ou duas pessoas no topo para tomar decisões, um nível abaixo para executar, mais um outro nível somente para coletar informações e produzir infindáveis relatórios. As camadas inferiores da força de trabalho eram compostas de enormes contingentes para organizar e arquivar os dados. Muitas dessas funções perderam completamente o sentido no momento em que as informações passaram a correr on-line por todas as veias da corporação, em um processo contínuo de *feedback*. Se informação é poder, as novas tecnologias minaram a antiga estrutura pela base.

Agora que podemos transferir informação em vez de matéria física, muitas empresas atuam em ambas as economias. É o caso da loja virtual Amazon. Como qualquer livraria antiga, a rede tem a tarefa tangível, material e palpável de estocar, movimentar e enviar objetos até o usuário final. Enquanto isso, oferece seus produtos pela web e, atualmente, também vende, além dos livros físicos e outros produtos, capítulos eletrônicos de livros. Essa comercialização fragmentada está causando, sem dúvida, uma revolução no mercado livreiro, que, ao contrário do que se afirmava no início da internet, não perdeu os atrativos. O setor apenas vive mais uma mudança bem ao modo schumpeteriano, de destruição e renovação, em curto tempo, com intensidade semelhante à de muitas já ocorridas na história.

A indústria automobilística, um exemplo típico da curva A, também sofre influência da nova economia. Há um século sem mudanças substanciais, o setor vive agora uma verdadeira revolução, ainda sob o reflexo de uma crise recente, quando a entrada de carros japoneses no mercado levou a indústria norte-americana a fazer grandes adaptações. A crise que se configura no momento tem a ver com a deflação geral de preços, algo impensável tempos atrás. Os preços estão baixando porque a concorrência global está mais intensa e a tecnologia de produção avançou, diminuindo o gasto com mão de obra e aumentando a produtividade das fábricas.

2.3 GLOBALIZAÇÃO E INTERNET

Não são apenas as organizações que estão mais horizontalizadas. O mundo inteiro se horizontalizou, se achatou. "O mundo é plano!" Foi essa a constatação do premiado jornalista Thomas Friedman em sua visita a *call centers* de abrangência mundial em Bangalore, na Índia. A interação entre mercados existe há muitos séculos. O que há de novo é uma rápida globalização que, associada ao fenômeno concomitante da internet, eliminou de vez o isolamento de uma região em relação a outra. Se, por um lado, a nova ordem mundial traz o risco de perda de emprego em massa, por outro lado promove a inclusão de vastas populações e a diluição do poder.

Eventos históricos marcaram o achatamento do mundo e denotam agora uma mudança sem precedentes que ainda está em andamento: desmembramento da União Soviética; ingresso da China e da Índia no mercado de consumo; difusão dos computadores pessoais; desenvolvimento de tecnologias arrojadas (fibra óptica, banda larga etc.), com a consequente melhora de qualidade e a redução dos custos em telecomunicações; digitalização de imagem e som; sistemas on-line de pagamento.

Essa reviravolta na produção e comercialização de bens criou a plataforma para o achatamento do mundo e favoreceu o surgimento de novas modalidades de colaboração. Em poucos anos, informações de toda ordem começaram a correr o mundo livremente. Códigos-fonte de softwares passaram a ser disponibilizados para uso e desenvolvimento livres. A terceirização de mão de obra e as operações *offshore* tiveram grande desenvolvimento, potencializado pela internet. A criação do código de barras trouxe enorme facilidade para todas as redes de distribuição e controle, facilitando as interações entre fornecedores, varejistas e clientes. E as novidades surgem a cada dia: blackberry, wi-fi, videofones, máquinas que conversam com máquinas.

A globalização e a internet estão se desenvolvendo segundo uma convergência de três fatores: criação de bens complementares (um exemplo simples: a fibra óptica acelerou e melhorou a telefonia, que, mais eficiente, permitiu a explosão dos serviços de *delivery*, agora operados tanto local como internacionalmente); formação de massa crítica de profissionais capazes de tirar proveito das formas mais horizontais de relacionamento; e inserção de imensas populações no mesmo jogo econômico (América Latina, Leste Europeu, Rússia, Índia, China e Ásia Central).

2.4 TECNOLOGIA *VERSUS* LEGISLAÇÃO

A Apple, empresa conhecida pela sua criatividade, inventou o Ipod no momento exato em que se prenunciava uma ruptura na indústria. O precursor do Ipod, o MP3, representou um enorme avanço tecnológico, pois faz grande compressão de dados de áudio sem perda da qualidade ao eliminar sinais que o ouvido humano não consegue captar e são, portanto, dispensáveis para muitas pessoas (há quem perceba e se ressinta da perda de qualidade sonora).

O MP3 havia promovido uma verdadeira revolução na venda de CDs, transmitindo músicas com alta definição, sem a necessidade do disco a laser. Isso abalou toda a cadeia de produção e distribuição musicais. De uma hora para outra, o conteúdo, que é tudo o que o comprador deseja, passou a fluir através dos bits. Os músicos e demais envolvidos com produção e distribuição tentaram restringir, pela legislação, a transferência por meio da rede. A certa altura desse embate, que já durava anos, quando parecia que a indústria fonográfica iria minguar, surgiu o Ipod.

Com ele, a Apple conseguiu atender dois movimentos: transferir o conteúdo com alta definição e sem o custo operacional de um CD físico; e atender as exigências legais, garantindo o pagamento de direitos autorais e outros compromissos. Desenvolveu um hardware pequeno, com qualidade excepcional de reprodução e enorme capacidade de armazenamento. Paralelamente, lançou uma loja virtual, que vende o conteúdo por um preço atrativo ao consumidor. Os resultados foram a satisfação dos produtores musicais e um enorme sucesso de vendas. No final de 2006, a empresa já havia vendido mais de US$ 1 bilhão em música pela web – a menos de US$ 1 por música – e detinha uma base de 40 milhões de usuários.

Assim como no caso da Amazon, a invenção do Ipod combina aspectos do mercado tradicional com aspectos do mundo novo. Alguns empreendedores têm a capacidade de, vendo o caos, encontrar uma lógica, transformá-la em modelo de negócio e colocá-lo em prática a tempo de ocupar um espaço vago, dando razão a Schumpeter. A destruição criativa revela-se quase uma lei no capitalismo. O Ipod manterá a hegemonia de seu mercado até que um novo produto, da própria Apple ou de outro fabricante, venha a abalar a sua posição. Na economia tradicional isso pode demorar meses ou anos. Na nova economia, acontece de imprevisto.

2.5 SOBREVIVÊNCIA

Ao surgimento do Ipod se aplica perfeitamente a noção de complexidade irredutível de Behe. O novo produto emergiu como fazem os *pop-ups*, as figuras em três dimensões que saltam nos livros infantis: elas não se apresentam pedaço a pedaço, mas se armam assim que a página é aberta, em um único e bem sincronizado mecanismo.

Bastante parecido é o sucesso estrondoso do site Youtube, cuja ideia básica, de tão simples, não exigiu investimento inicial significativo nem mesmo tecnologia diferencia-da. O site atraiu um número impensável de clientes – uma avalanche de 100 milhões de acessos em poucos meses. De lançamento despretensioso, transformou-se em um gran-de negócio. Seus fundadores passaram a investir em infraestrutura e, por fim, a empresa foi comprada por US$ 1,6 bilhão pela Google, outra iniciativa que começou apenas como uma grande ideia. Ambos contam agora com a vantagem competitiva de terem sido os primeiros a atingir uma rede de usuários de porte gigantesco.

Nesta era em que ocorrem mudanças abruptas, não incrementais, pesam cada vez mais o talento das pessoas e a capacidade para criar algo sensacional a partir do nada. Para tanto, as corporações precisam de gente com perfil diferente. É necessária uma boa dose de liberdade de pensamento e capacidade de associação. Além do profissional me-canicista atado à linha de produção, cuja dedicação ainda é importante, há também uma nova demanda de pessoas com capacidade de ver algo que outros olhos não enxergaram. Tal processo de criação é mais do que uma simples *gestalt* (teoria psicológica que consi-dera a percepção dependente da forma como ela é integrada ao padrão geral ou *gestalt*). Não se trata apenas de lançar novo olhar sobre um tema presente, mas de *criar* o tema.

As estratégias dos negócios mais dinâmicos mostram como eles dependem da ala-vancagem tecnológica na sua mais completa extensão e fornecem o *modus operandi* pelo qual as organizações competirão no futuro. O alinhamento entre estratégia e tecnologia da informação não é algo supérfluo, mas o custo de entrada no mercado.

Entretanto, novidade não significa falta de rumo. As empresas bem estruturadas sempre têm mais condições de sobreviver, tanto na economia tradicional quanto na nova economia, e podem fazer a transição entre uma e outra de maneira menos sofrida do que os empreendimentos mal geridos. No cenário atual, assim como acontece há muito tempo, quem oferecer algo diferenciado, relevante e valorizado pelos compradores terá maior chance de se sustentar ao longo do tempo.

As pessoas compram aquilo em que confiam. Quando uma companhia respeitada lança qualquer produto, os clientes tendem a comprar por causa de sua imagem. Contudo, a insegurança acompanha todos os negócios. Não basta estabelecer uma boa marca, é preciso sustentá-la, executando um trabalho cuidadoso de posicionamento e construção de nichos de mercado, tarefa atualmente muito mais difícil do que no passado. Ocorre que, na atual complexidade dos mercados, mesmo um bom produto pode ser riscado do mapa em poucos anos. Veja-se o exemplo das locadoras de filmes. A Blockbuster montou e desenvolveu seu negócio sobre a tecnologia dos videocassetes, que floresceu e definhou em pouco mais de uma década.

Na nova economia, exige-se muita atenção aos ambientes de negócio, pois as respostas às questões básicas de definir para onde ir e como chegar dependem de uma atitude maleável e proativa. Para as consultoras Shona Brown e Katleen Eisenhardt, o sucesso é medido pela capacidade de mudar e reinventar a empresa constantemente ao longo do tempo. No livro *Competing on the edge:* strategy as structured chaos, elas mostram que, para sobreviver à beira do caos, deve-se criar um fluxo incessante de vantagens competitivas. É preciso planejar sem engessar, aceitar e aprender com os erros, viver no presente com atenção ao futuro. As lideranças devem reexaminar constantemente seus produtos e negócios e avaliar seu acoplamento ao mercado, com grande disponibilidade para reinventar, se for necessário. Diante da mutabilidade das condições externas, há basicamente três maneiras de atuar: reagindo, antecipando-se ao futuro ou liderando o mercado. O Quadro 2.1, a seguir, dá uma ideia de como gerenciar as mudanças.

2.6 ADAPTAÇÃO COMPLEXA

A hipótese sustentada pela teoria do caos é que existe alguma ordem, algum determinismo, mesmo quando um fenômeno apresenta inúmeros fatores interagindo de forma aleatória. Caos, cientificamente, são as ocorrências nas quais não se podem encontrar todos os padrões nem são compreendidos todos os inter-relacionamentos. A condição denominada *beira do caos*, ou extremidade do caos, é uma faixa dos fenômenos em que há bastante inovação para manter um sistema vivo e vibrante, bem como estabilidade suficiente para impedir que ele desmorone.

Restringindo-nos apenas à nova economia, vemos que existe um balanceamento entre a necessidade de ordem e o imperativo de mudar. Muita mudança é tão destrutiva quanto pouca mudança. Há uma zona de conflito e motim na qual o velho e o novo estão constantemente em guerra. Encontrar o ponto de equilíbrio é uma situação delicada

– muito próximo à extremidade dessa área de motim corre-se o risco de cair em incoerência e dissolução; na outra extremidade, fica-se rígido, congelado, totalitário. Ambas as condições conduzem à extinção.

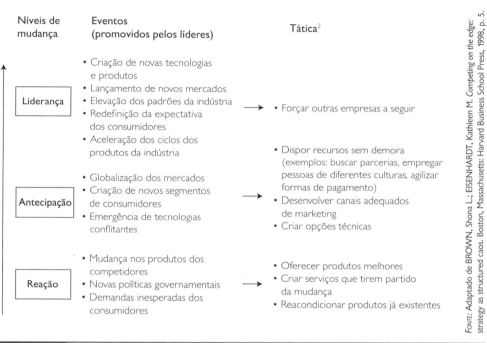

QUADRO 2.1 Administrando o desafio estratégico da mudança

A nova economia não é totalmente caótica. Apesar de representar alterações profundas na competição e na administração, ela permite a sobrevivência. Mas é uma sobrevivência, como vimos, na beira do caos. As empresas com estruturas emperradas, fechadas à inovação, sucumbem. As empresas intuitivas demais, desregulamentadas demais, também sucumbem. Permanecer estacionário em um ponto de equilíbrio quando surgem ameaças pode representar a morte do sistema. Para uma empresa se manter com boa competitividade no novo mercado, precisa atentar para os constantes *feedbacks* internos e externos e verificar diariamente a demanda por novas adaptações. À beira do caos, com suas incertezas e seus desconfortos, tem o bom efeito de acelerar a capacidade de inovação das corporações.

[2] A palavra "estratégia" foi substituída por "tática" por motivos que serão mais bem compreendidos nos Capítulos 3 e 5.

REFERÊNCIAS

BROWN, Shona L.; EISENHARDT, Kathleen M. *Competing on the edge:* strategy as structured chaos. Boston, Massachusetts: Harvard Business School Press, 1998.

CONY, Carlos Heitor; ALCURE, Lenira. *As viagens de Marco Polo*. Rio de Janeiro: Ediouro, 2001.

CRICHTON, Michael. *The lost world*. New York, Toronto: Ballantine Books, 1995.

FRIEDMAN, Thomas L. *O mundo é plano:* uma breve história do século XXI. Rio de Janeiro: Objetiva, 2005.

PASCALE, Richard T.; MILLEMANN, Mark; GIOJA, Linda. *Surfing the edge of chaos:* the laws of nature and the new laws of business. New York: Crown Business, 2000.

SCHUMPETER, Joseph A. *Capitalism socialism and democracy*. New York: Harper & Brothers, 1942.

SCHUMPETER, Joseph A. *Essays on entrepreneurs, innovations, business cycles, and the evolution of capitalism*. New Jersey: Transaction Publishers, 1989.

CAPÍTULO 3

MERCADO

O SEGREDO DOS NEGÓCIOS É SABER ALGO QUE NINGUÉM MAIS SABE.
(Aristóteles Onassis, 1906-1975)

3.1 O AMBIENTE EXTERNO À EMPRESA

Ter noções de economia é fundamental para o administrador. Mesmo que a empresa esteja vivendo uma fase confortável, sem grandes riscos identificados, não é possível dirigi-la sem entender como funcionam as unidades econômicas diretamente envolvidas no negócio: demais empresas, consumidores, fornecedores, trabalhadores, investidores etc. Só assim podem ser adequadamente acompanhados as flutuações da demanda, as pressões dos fornecedores por melhores preços e condições, o comportamento dos concorrentes, os controles governamentais, entre outros fatores.

A cúpula das empresas convive com a premência de resolver se a organização fica restrita a um mercado, se procura outros, se amplia sua área de abrangência ou, ainda, se tenta influir na demanda de maneira a aumentar a procura por seus produtos. Saber como se equilibram as forças internas de um mercado favorece a previsão e mostra caminhos. Alguns empreendedores conseguem conduzir muito bem os negócios por terem uma compreensão apenas intuitiva desse jogo de forças. A partir de certo ponto do ciclo da empresa, entretanto, exige-se o estudo aprofundado e detalhado do ambiente. As leis de mercado são tão básicas para os administradores quanto a lei da gravidade para os engenheiros. Elas valem na economia tradicional e continuam válidas na nova economia.

Os próximos parágrafos são uma pequena revisão de conceitos básicos visando a orientar os leitores que não têm formação em administração de empresas ou em economia. Àqueles que conhecem o assunto de sobra, fica a oportunidade de reflexão. No Capítulo 6 também há uma breve revisão, que aborda a micro e a macroeconomia.

As atividades econômicas são organizadas pelo *mercado*, que é um conjunto de vendedores e compradores cujas interações reais ou potenciais determinam os preços dos produtos. Um mercado é considerado *perfeitamente competitivo* quando nenhum de seus compradores e vendedores, isoladamente, exerce influência significativa nos preços. Algumas atividades chegam perto dessa condição ideal, como as confecções e a maioria das *commodities* agrícolas. Em geral, tais mercados têm um grande número de compradores e de vendedores. Contudo, há os de alta competição, em que poucas empresas disputam acirradamente os compradores, como acontece na telefonia celular, na indústria automobilística, no setor de computadores, entre outros.

Existem ainda os mercados de baixa competição, como no fornecimento de energia elétrica, e os não competitivos, nos quais poucas empresas exercem monopólio ou formam cartéis, impondo seus preços aos compradores. Obviamente, questões políticas e sociais atuam fortemente em todo esse jogo de forças.

As empresas determinam as fronteiras de seu mercado, uma vez que cada uma delas vende seu produto a determinados públicos, em uma área geográfica ou mais. Múltiplas são as áreas geográficas, assim como múltiplos são os produtos e os compradores. Como visto no capítulo anterior, há cada vez mais informação, produtos e bens negociados.

Os conceitos usados pela área de marketing classificam os bens conforme os hábitos dos compradores:

- *Bens de conveniência* – são produtos adquiridos com frequência, de imediato e com o menor esforço possível. Podem ser classificados como bens de consumo geral, de impulso e de emergência. O que caracteriza um bem de conveniência é que o comprador quer tê-lo disponível. Quando vai ao supermercado para comprar arroz, por exemplo, dá mais importância ao fato de encontrar o produto do que à marca ou ao preço baixo. O produtor de um bem de conveniência precisa cuidar especialmente dos quesitos distribuição, apresentação no ponto de venda, embalagem etc. Se não houver disponibilidade de uma marca, o cliente escolherá outra imediatamente. Disponibilidade é o que caracteriza tais produtos.

- *Bens de compra comparada* – são os bens comprados após uma seleção baseada em adequação, qualidade, preço e estilo. São divididos em homogêneos (similares em qualidade, diferentes em preço) e heterogêneos (as características do produto importam mais ao consumidor do que o preço). Produtos típicos desta categoria são os eletrodomésticos e os automóveis. Nesses setores, normalmente a prioridade das empresas fabricantes é investir na divulgação de sua marca.

- *Bens de especialidade* – são produtos eleitos como especiais. Seus compradores não medem distância nem preço. Valorizam seus atributos e estão dispostos a enfrentar

MERCADO

dificuldades para encontrá-los. Trata-se daqueles produtos exclusivos para compradores seletos, como um determinado charuto ou vinho fino, por exemplo.

– *Bens industriais* – são os produtos que as organizações adquirem para poder produzir. Há três tipos de bens industriais: bens materiais e componentes (são matérias-primas e produtos semiacabados); itens patrimoniais ou bens de capital, que viabilizam a produção; suprimentos e serviços de administração (bens de curta duração que facilitam o desenvolvimento ou a administração do produto acabado). Em geral, a compra deste tipo de bem envolve alto grau de racionalidade, sendo realizada com base em orçamentos alternativos, buscando-se a melhor relação entre o custo e o benefício oferecida pelas diversas marcas.

O entendimento das diferentes categorias de produtos é determinante para uma adequada definição das estratégias de marketing que irão garantir o sucesso de sua comercialização. Pensar na estratégia para um bem de conveniência é muito diferente da abordagem para um bem de compra comparada.

3.2 ANÁLISE DA INDÚSTRIA

Existem algumas variações na aplicação dos termos *mercado, setor* e *indústria*. O conceito de *mercado* já foi visto no início deste capítulo. Para alguns autores, *setor* é um grupo de empresas possuidoras de tecnologia e de produtos em comum[1]. Em microeconomia, utiliza-se a expressão *indústria* para designar um grupo de empresas que vende produtos iguais ou correlatos[2]. Na literatura empresarial – assim como neste livro –, a palavra *indústria* tem sido usada como sinônimo de mercado ou setor. Engloba as empresas que oferecem produtos substitutos bastante aproximados entre si, além das interações reais ou potenciais entre vendedores e compradores.

Um dos autores que abordou em profundidade a questão da estratégia empresarial dentro de um mercado foi o professor Michael Porter[3], da Harvard Business School. Fundamentado em estudos de casos e análises estatísticas, Porter detectou cinco forças básicas que impulsionam as indústrias. Na prática da administração, seu modelo permite análise segura e eficiente. Sua teoria vem resistindo às críticas e ao tempo, e demonstra grande abrangência, na medida em que se aplica tanto à economia *dos tijolos* quanto à dos *bits*. As empresas que atuam nos diversos setores ou indústrias buscam permanente-

---

[1] HOOLEY, Graham J.; SAUNDERS, John A.; PIERCY, Nigel F. *Marketing strategy and competitive positioning.* London, New York: Prentice Hall, 1998.

[2] PINDYCK, Robert S.; RUBINFELD, Daniel L. *Microeconomics.* 4th ed. New Jersey: Prentice Hall, 1998.

[3] PORTER, Michael E. *Competitive strategy.* New York: The Free Press, 1980.

mente garantir e fortalecer sua posição e influenciar a estrutura setorial, e o modelo das cinco forças é instrumento poderoso na definição de como fazer isso.

Enfatizando que a grande função do estrategista é entender e enfrentar a competição, Porter defende que a concorrência não se dá apenas entre os competidores mas também com clientes e fornecedores, além de novas empresas e novos produtos. Nesse caso, ele se refere à concorrência pelo lucro do setor. Quando, de um lado a empresa está encurralada entre fornecedores fortes com grande poder de barganha e, de outro, com poucos clientes de alto poder de negociação, parte do lucro é drenada para os fornecedores na forma de preços altos pelas matérias-primas, bem como para os clientes, que exigirão descontos muito altos ou serviços adicionais sem cobrança extra. O posicionamento da empresa no setor de atuação precisa levar em conta todas as cinco forças, não apenas a rivalidade entre os concorrentes.

O desempenho de uma empresa depende, externamente, de todos os elementos que podem exercer pressão na rentabilidade ou aumentar o risco do negócio. A estratégia organizacional, seja ela explícita ou implícita, estabelece como a companhia lida com as cinco forças competitivas: ameaça de novos entrantes (novos concorrentes), ameaça de produtos substitutos, poder de negociação dos clientes, poder de negociação dos fornecedores, rivalidade entre empresas existentes. Outras pressões, como políticas governamentais e tecnologia, podem ser sentidas pelos seus efeitos sobre o comportamento dessas cinco forças.

A combinação dinâmica das cinco forças está representada nas Figuras 3.1 e 3.2, na primeira de forma resumida e na segunda, detalhada.

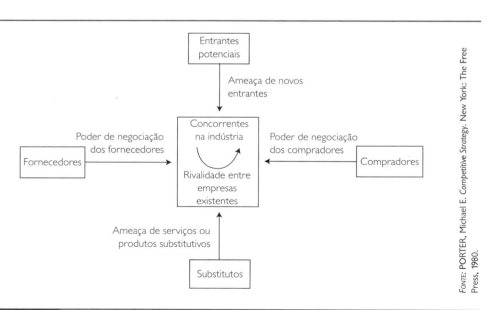

FONTE: PORTER, Michael E. *Competitive Strategy*. New York: The Free Press, 1980.

FIGURA 3.1 As cinco forças competitivas que determinam a rentabilidade da indústria

MERCADO

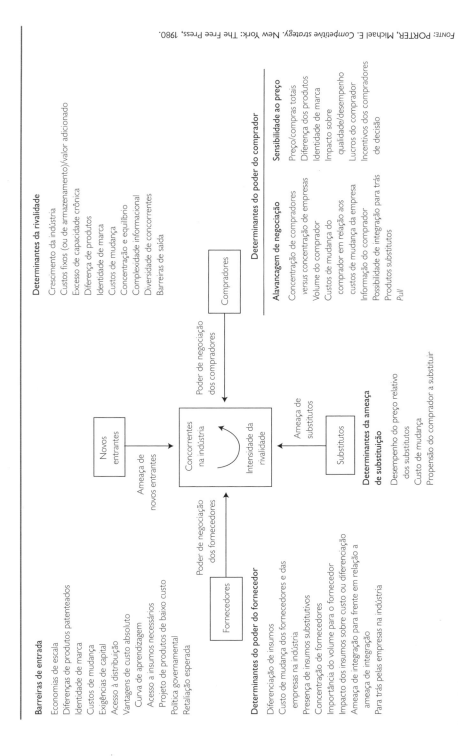

FIGURA 3.2 Elementos das cinco forças competitivas

FONTE: PORTER, Michael E. Competitive strategy. New York: The Free Press, 1980.

No eixo horizontal – poder de negociação dos fornecedores, rivalidade entre os concorrentes, poder de negociação dos clientes –, pode-se avaliar como essas forças impactam a lucratividade da indústria. Quanto maior a força dos fornecedores e dos clientes, e quanto mais intensa a rivalidade da indústria, menor será a lucratividade. Inversamente, quanto menor a força dos fornecedores e dos clientes, e menor a rivalidade na indústria, maior será a lucratividade. O setor de embalagem plástica para alimentos é um exemplo de indústria com lucratividade comprometida, uma vez que tanto seus fornecedores (indústria petroquímica) quanto seus clientes (indústria de alimentos) são oligopólios com grande poder de negociação.

No eixo vertical – entrada de novos concorrentes, a rivalidade entre os concorrentes, e entrada de substitutos –, verifica-se o risco do negócio. Quanto mais vulnerável a indústria for à entrada de concorrentes, ou seja, quanto menores forem as barreiras de entrada e quanto maiores forem a rivalidade entre as empresas competidoras e o risco de aparecer produtos substitutos, maior será o risco do negócio. Os negócios da internet são bons exemplos de situação de alto risco, pois as barreiras de entrada são pequenas e surgem novas alternativas de produtos com uma rapidez muito grande. Uma indústria como a automobilística, ao contrário, oferece baixo risco porque a entrada de novos concorrentes demanda investimentos muito altos, o que representa barreiras de entrada vigorosas.

O modelo das cinco forças tem o mérito de destacar com simplicidade as relações complexas que alteram a cada momento o cenário competitivo. É um método consistente e prático para analisar a situação de uma companhia em dado momento, o qual permite detectar oportunidades e riscos com bastante segurança. Muitas empresas apresentam queda nos seus resultados por não atentarem para as características de sua indústria. Conforme se vê na prática, têm melhor desempenho as companhias que estabelecem um posicionamento único em relação às cinco forças competitivas, garantindo, por prazo longo, taxas de lucratividade superiores às médias do seu setor.

3.3 ANÁLISE DO MERCADO

As vantagens competitivas representam a sustentação da estratégia escolhida pela empresa para vencer a concorrência e para enfrentar com sucesso os demais fatores determinantes da estrutura da indústria (fornecedores, clientes, produtos substitutos e entrantes potenciais).

Obter vantagem competitiva sustentável permite que a empresa tenha desempenho acima da média de sua indústria e sobreviva às oscilações de curto prazo. Esses movimentos podem modificar temporariamente o equilíbrio de forças e as táticas de abordagem sem, contudo, alterar a estrutura básica de uma indústria. Algumas perguntas simples, tratadas a seguir, levam ao entendimento dessa estrutura.

MERCADO

Em relação aos *competidores*, é preciso avaliar quantos são, pois isso interfere na intensidade da rivalidade entre eles. Contudo, a análise da concorrência comporta também outros aspectos, porque as variáveis mudam de indústria para indústria, e diferentes fatores, além do número de concorrentes, interferem no grau de rivalidade. É o caso de se perguntar, entre outras coisas, que quantidade de empresas certo mercado comporta. O setor de confecção, por exemplo, com sua infinidade de participantes, apresenta rivalidade branda, ao passo que a indústria de software apresenta rivalidade alta. A concorrência acirrada age no sentido de diminuir o preço e, consequentemente, a lucratividade e a taxa de retorno sobre o capital investido. Quando há grande rivalidade, a área de marketing é instada a promover táticas de preços, batalhas publicitárias e desenvolvimento de mais vantagens para os clientes.

Mercados equilibrados estão sujeitos à instabilidade causada pelas lutas entre os competidores. Quando uma empresa decide entrar em um mercado saturado, precisa avaliar bem o que vale a pena fazer para minimizar os efeitos da concorrência.

Quando um mercado é concentrado em poucas empresas, as líderes podem organizá-lo por mecanismos como liderança de preços. Entretanto, esse jogo tem certas limitações, já que as disputas acirradas por fatias do mercado podem consumir grandes recursos financeiros.

Custos fixos altos ou pressão para reduzir estoques podem levar a uma escalada na guerra de preços. Outros fatores que aumentam a rivalidade são ausência de diferenciação, baixo custo de troca (despesas incorridas ao se mudar de fornecedor), supercapacidade de produção e dificuldade para estabelecer as "regras do jogo" por divergência de foco entre os competidores.

Outro fator de acirramento da disputa dentro de uma indústria vem dos eventuais altos custos para sair dela. Empresas que perdem a batalha competitiva podem persistir em políticas de preços baixos para não abandonar o ringue, o que seria uma alternativa mais onerosa.

Uma forma de participar do jogo competitivo é a incorporação de outras empresas, também chamada de *integração*. A integração pode ser horizontal, quando se incorpora um concorrente, ou vertical, quando se incorpora uma empresa complementar, seja fornecedora (integração para trás) ou compradora (integração para frente). Por exemplo, se um fabricante de confecções decide entrar na produção de tecidos, que são suas matérias-primas, estará promovendo uma verticalização para trás; porém, se o mesmo fabricante de confecções investe no negócio de varejo montando lojas para distribuir seus produtos, estará se verticalizando para frente. Grandes companhias costumam alterar as forças do mercado integrando horizontalmente, movimento chamado de *concentração*, que ocorre mundialmente em diversos setores nos quais a economia de escala pode fazer uma grande diferença.

Em outubro de 2006, a Vale (então Companhia Vale do Rio Doce), uma das maiores produtoras de minério de ferro do mundo, também produtora de cobre, bauxita, potássio, alumina e alumínio, adquiriu mais de três quartos do capital da mineradora canadense de níquel Inco. Com a operação, a empresa diversificou seus negócios e passou a ser a segunda maior mineradora do planeta.

Quanto aos *clientes*, cujo poder de influência afeta profundamente a lucratividade média da indústria e de cada empresa em particular, devem ser feitas perguntas como: "Do que depende o seu poder de negociação? Eles podem trocar de marca a qualquer momento? Os produtos oferecidos são semelhantes? Há algum custo de troca? Eles estão organizados ou fragmentados?".

O poder de barganha dos clientes pode ser avaliado por sua capacidade de forçar a baixa dos preços, solicitando melhor qualidade ou colocando os concorrentes uns contra os outros. Sua força aumenta quando eles estão concentrados, quando os produtos representam parte importante de seus custos ou são cruciais para eles. Também exercem maior pressão se for pequeno o nível de diferenciação entre os produtos e quando seus próprios lucros forem baixos, obrigando-os a exigir menores preços.

Uma boa tática de defesa é selecionar e diversificar os clientes com o objetivo de neutralizar seu poder de barganha. Há situações em que os compradores-clientes não são os consumidores finais e, portanto, a integração para frente pode ser uma maneira de garantir as margens de lucro da empresa. Foi o que fez a gigante United Parcel Service (UPS), originalmente empresa de entregas que, em uma de suas divisões, não só retira e entrega os aparelhos eletrodomésticos que vão para conserto como também realiza o próprio conserto (integração vertical).

Os *fornecedores,* que representam outro elemento de grande peso na lucratividade de um setor, devem ser avaliados com perguntas como "Quantos são? Até que ponto conseguem praticar altos preços? Que produtos deles podem ser substituídos?". Quanto maior a capacidade de barganha dos fornecedores, maior será o custo final do produto. Por exemplo, os fornecedores de aço para a indústria automobilística têm alto poder de barganha, porque os concorrentes são poucos devido aos altos investimentos, já os fornecedores de embalagens plásticas para a indústria de alimentos têm baixo poder de barganha devido ao grande número de concorrentes.

O poder de barganha dos fornecedores está associado ao aumento de preços ou à redução da qualidade dos bens ofertados. Assim, a rentabilidade da empresa pode ficar encurralada entre a pressão dos fornecedores e a impossibilidade de repassar custos ou de oferecer qualidade inferior aos compradores. A capacidade de pressionar dos fornecedores é maior quando eles estão concentrados e os compradores, fragmentados.

MERCADO

Mão de obra também é um tipo de fornecedor e, portanto, a mesma lógica se aplica aos trabalhadores: sua força cresce quando há pouca oferta. Além disso, aumenta quanto mais organizados estiverem e quanto mais crucial for sua *expertise* para as empresas.

A diminuição do poder de barganha dos fornecedores vem de integração para trás, da eliminação de custos de mudança, da troca de tecnologia etc.

O *risco de entrada de empresas concorrentes* varia de setor para setor. Pode ser avaliado – até certo ponto – com questões sobre possíveis inovações, empresas não concorrentes que ambicionam o mercado etc. Atividades de investimento baixo e tecnologia conhecida oferecem alto risco de novos entrantes. O risco diminui quando poucos empreendedores têm potencial para fincar pé no mercado, seja pelo montante do investimento, seja pela especificidade da tecnologia demandada.

Novas empresas sempre forçam os preços para baixo ou inflacionam os custos, reduzindo a rentabilidade daquelas que já estavam no mercado. Novos concorrentes costumam ser desencorajados por barreiras de entrada erguidas por meio de economia de escala (vantagem de custo), marca forte, custo de mudança, necessidade de investimento alto (inclusive em publicidade e promoções), tecnologia patenteada, além de vantagens advindas do acesso à matéria-prima, localização, curva de aprendizagem dos empregados, autorização governamental, entre outras.

Sempre é possível que um *produto substituto* modifique o equilíbrio de uma indústria. O risco, mais acentuado em alguns setores do que em outros, é bastante alto na área de tecnologia. As perguntas a serem feitas quanto a produtos substitutos, assim como as referentes a novos entrantes, relacionam-se ao risco potencial de seu surgimento. Importa verificar constantemente se descobertas científicas, ou ações governamentais, ou outros movimentos são estímulos potenciais para a entrada de novos produtos ou concorrentes. Deve-se questionar como identificar os substitutos, o que pode mudar na concorrência, quais concorrentes provavelmente inovarão, que empresas de outros mercados podem se transformar em concorrentes, que negócios podem ser integrados etc.

Os produtos substitutos, que podem ser concorrentes diretos ou indiretos, representam uma ameaça para um grande número de empresas. Para se defender, elas costumam criar barreiras de entrada semelhantes às barreiras a novos entrantes: economia de escala, enxugando custos no compartilhamento de plantas e de intangíveis (valor da marca, reputação da empresa etc.); diferenciação do produto; estimulação de custo de mudança; acesso a canais de distribuição; e desvantagens de custos independentes de escala (tecnologia patenteada, curva de aprendizagem, subsídios, localização, acesso às matérias-primas).

As opções para neutralizar os riscos e garantir bons lucros se resumem a posicionar-se para ter a melhor defesa contra o conjunto de forças, agir para influenciar no equilíbrio de tais forças e antecipar mudanças estruturais do mercado para ajustar-se a elas antes dos demais.

Complementos de produtos afetam a demanda geral em um setor e, assim, alteram o equilíbrio das cinco forças (sem constituírem uma sexta força). A existência de produtos complementares – como hardware e software, automóvel e rede de assistência, hotel e transporte para turistas – pode ser um ótimo diferencial, como atesta a Microsoft, mas não é, em si, algo bom ou ruim para o setor. Só a análise profunda mostrará seus efeitos em relação ao jogo das pressões exercidas por fornecedores, compradores, concorrentes, novos produtos e novas empresas. Ao mesmo tempo em que um produto complementar pode dificultar a vida do concorrente, pode também aumentar a ameaça de surgirem produtos substitutos. O estrategista precisa avaliar detidamente o efeito dos complementos na inter-relação da empresa com todas as cinco forças.

Fatores técnicos e socioeconômicos específicos de cada mercado determinam como agirão as cinco forças. Como a configuração das forças competitivas varia de uma indústria para outra, não apenas o gestor se beneficia de uma boa análise estrutural – o investidor é também um grande interessado em conhecer potenciais riscos e oportunidades. Analisando as forças da indústria, ele pode detectar o grau de atratividade e vislumbrar as tendências futuras de um setor, além de identificar as empresas ou os setores mais promissores. A análise ajuda tanto o gestor quanto o investidor a distinguir desvios de curto prazo de mudanças estruturais.

As indústrias não são estáveis e podem sofrer alterações estruturais definitivas, causadas por fatores tanto internos como externos. Importantes barreiras de entrada podem ser eliminadas por algum avanço técnico ou por quebra de patente. Mudanças no padrão econômico de certa camada social provocam novos hábitos de compra. A falência de alguma empresa gigante leva as demais a se reposicionarem. Em alguns setores, a evolução se dá rapidamente, aos saltos e com descontinuidades, como vimos no Capítulo 2, e em outros, ocorre mais lentamente. O equilíbrio, em geral, é instável e provisório.

3.4 ORGANIZAÇÃO DE MERCADO E CARTELIZAÇÃO

Mesmo sendo voltado para o lucro, o sistema capitalista não vive apenas de guerra entre os competidores. As empresas reagem aos movimentos umas das outras, interagindo com diferentes graus de poder, interferindo no futuro da indústria para melhor ou para pior. Ainda que algumas formas de concorrência de preços, em vez de levar ao aprimoramento, deteriorem o mercado, a existência de concorrentes não precisa ser necessariamente uma fonte de rivalidades e desrespeito aos interesses de seus agentes.

No jogo competitivo, um concorrente pode se beneficiar da existência de outro quando compartilha os custos do desenvolvimento, contribui para a melhora de técnicas e processos, promove boa imagem do setor e ajuda a criar barreiras de entrada. Há situações em que um concorrente é bastante oportuno ao absorver flutuações na demanda,

MERCADO

atender a segmentos específicos, apoiar a negociação com fornecedores, facilitar acordos com trabalhadores e agentes reguladores, reduzir o risco antitruste, colaborar para o aumento da motivação organizacional e incentivar a diferenciação.

Do ponto de vista da indústria, em algumas situações a existência de competidores promove o aumento da demanda, reforça elementos convenientes da estrutura industrial e fornece fontes alternativas que diminuem o risco de interrupções no fornecimento de produtos. Apesar de disputar o mesmo mercado, os concorrentes também se unem em torno de metas de interesse comum. Não são raros os casos em que produtores e compradores se reúnem para estabelecer critérios de qualidade.

Para melhorar os processos, as empresas forçosamente se aperfeiçoam treinando melhor sua mão de obra, racionalizando a produção, buscando novos métodos. Embora haja sempre a possibilidade de algumas organizações se pactuarem para formar cartéis, existem outras maneiras de se proteger e melhorar a estrutura da indústria como um todo pela via da cooperação. Com isso, ganha a sociedade e ganham as empresas individualmente, evitando táticas que banalizem seus produtos.

Na indústria de fertilizantes, a propósito, vem sendo feito um trabalho de conscientização dos agricultores quanto à utilidade do produto. Em algumas regiões, os agricultores ainda não usam fertilizantes na quantidade mais adequada por hectare, simplesmente porque não conhecem seus benefícios. Os fabricantes têm demonstrado que o custo marginal de se aumentar a quantidade de fertilizante por hectare é menor do que o ganho marginal obtido pelos agricultores. Dessa forma, na mesma área plantada, obtêm-se uma produção maior e um resultado econômico mais atrativo. Ações dessa natureza preparam o cliente para conhecer mais os produtos e extrair deles maior valor.

São vários os exemplos de atividades de organização do mercado que evitam a sua deterioração. No entanto, os mercados fechados em cartéis ou monopolizados têm preços artificialmente altos e levam à acomodação dos concorrentes, o que é ruim tanto para eles como para os consumidores. Quando um mercado cartelizado se abre, são grandes as chances de que as empresas preexistentes declinem em pouco tempo, pois não se prepararam para enfrentar as forças da indústria. Não sabem como neutralizar ameaças ou como negociar em condições de igualdade com fornecedores, compradores e concorrentes.

3.5 AS COMPETÊNCIAS ESSENCIAIS E O MERCADO

O professor da University of Michigan Ross School of Business, C. K. Prahalad[4], vê de um modo diferente o ajuste das empresas ao mercado. Os conceitos mostrados a

---

[4] HAMEL, Gary; PRAHALAD, C. K. *Competing for the future*. Massachusetts: Harvard Business School Press, 1995.

seguir, bastante difundidos tanto na vida empresarial quanto na acadêmica, são baseados na obra desse autor em conjunto com Gary Hamel, seu colega, também professor da University of Michigan.

Segundo os autores, o importante é criar competências internas que permitam à empresa alterar o funcionamento de sua indústria de maneira inovadora, antecipando-se a mudanças futuras. Assim, o empreendedor precisa imaginar o futuro e, como consequência de sua força própria, definir uma intenção estratégica ampla que mobilize a organização inteira e modifique as forças competitivas externas. Foi dessa forma que empresas pequenas e com poucos recursos conseguiram tomar fatias importantes de empresas gigantescas. A disparidade de eficácia no uso dos recursos é impulsionada pelo desejo de criar competências, e não pelo de obter resultados imediatos por meio dos produtos. A empresa precisa gerir de modo proativo a evolução do setor. Deve se concentrar menos em como se posicionar no espaço competitivo e mais em criar novos espaços para si. Além de ser enxuta, ela precisa ser diferente. Para tanto, é necessário ter visão de futuro e buscar o comprometimento emocional e intelectual de toda a equipe com o objetivo de gerar produtos altamente aceitos. É isso que vai fazer com que as forças competitivas externas se alterem.

Para chegar primeiro ao futuro, uma organização precisa colocar todo o seu foco em minimizar o tempo de reinvenção. Ela necessita investir em RH, tecnologia e recursos operacionais para poder inventar ou reinventar produtos e processos e, assim, garantir a primazia perante os clientes.

Todos os esforços devem ser investidos para detectar e atender as necessidades ainda encobertas dos compradores. A organização deve se perguntar onde quer chegar e que competências tem que desenvolver para tanto. Precisa, enfim, cultivar sua *competência essencial* (*core competence*): o conjunto de habilidades e tecnologias que lhe permite oferecer aos clientes um benefício diferenciado. A competição pela liderança em competências costuma ser anterior à competição pela liderança em produtos. Uma empresa líder em uma competência essencial tem a opção de participar não apenas em um mercado, mas no conjunto de mercados que demandam essa competência.

Para ser considerada específica de uma companhia, uma competência precisa:

– dar uma enorme contribuição ao valor percebido pelo cliente;

– conferir diferenciação no mercado, por ser única ou muito superior às competências dos concorrentes;

– ter capacidade de expansão, ou seja, servir de base para a invenção de novos produtos ou serviços.

Um exemplo consagrado de estratégia bem-sucedida voltada para a inovação é o Windows da Microsoft. Desde a sua criação, tornou-se a ferramenta ideal e preferida para a maioria dos usuários de microcomputadores. Por mais que se questione a sua legalidade, o que ocorre de fato é uma flagrante preferência dos clientes. A empresa continua investindo no aprimoramento do produto e os concorrentes não conseguem desenvolver alternativas viáveis e aceitas pelo mercado. Seja pelo pioneirismo, seja pela excelência do sistema operacional Windows, o fato é que a diferenciação conseguida pela Microsoft tem dado à empresa quase um monopólio nesse segmento. A competência desenvolvida por ela permitiu alterar a borda da indústria de sistemas operacionais exatamente da forma sugerida por Prahalad e Hamel.

Ativos, infraestrutura, vantagens competitivas, fatores críticos de sucesso não são competências essenciais, afirma Prahalad. Se confundir os conceitos, a empresa corre o risco de descansar sobre outros pontos fortes e não investir no que realmente necessita para continuar com vigor. As competências essenciais mudam de valor com o tempo, conforme muda o mercado. Nesse contexto, perseverança pode ser mais importante do que velocidade. Isso implica comprometimento e desejo de modificar a vida das pessoas.

Para competir em um mercado emergente, ainda sem regras definidas, ou mesmo em mercados já tradicionais passíveis de grandes mudanças, a empresa tem que saber lidar com a indefinição enquanto abre caminho entre as demais. Essa competição pelo futuro ocorre em três fases básicas: liderança intelectual, gerência dos caminhos de migração e competição pela participação no mercado.

Ter *liderança intelectual* significa antever oportunidades e criar produtos e processos não imaginados antes, que promovam o desenvolvimento de infraestrutura nova, difícil de ser copiada. Tal liderança comporta riscos, e algumas empresas preferem lutar por um confortável segundo lugar, à sombra do líder. A arte dos pioneiros está em criar sua liderança intelectual administrando os riscos, ou seja, buscando aprender, da maneira mais barata e mais rápida possível. Eles têm coragem para antecipar o que o cliente demandará, perceber a adequação de um novo conceito e fazer os ajustes exigidos para atingir o público desejado.

Na fase de *gerência dos caminhos de migração*, a empresa busca passar do sonho de uma indústria radicalmente transformada para um mercado real e concreto. Isso implica lidar com os concorrentes em um mercado que ainda está se corporificando. Nesta etapa, novamente, é melhor despender o mínimo possível de tempo e investimento. É preciso montar e administrar coalizões ou, como fazem algumas empresas, criar barreiras para atrasar os concorrentes na corrida para o futuro.

Na *competição pela participação no mercado,* a meta é ultrapassar os concorrentes em um novo cenário de oportunidades e obter uma posição de destaque na indústria por meio da interação competitiva. É formar coalizão entre empresas do mesmo setor e liderá-lo. É criar uma desproporção entre influência e porte da empresa. O sucesso, nesta etapa, dependerá do que foi feito na fase anterior para interferir na regulamentação, influir nos padrões técnicos e controlar a questão dos direitos de propriedade.

3.6 EXPERIÊNCIA DOS AUTORES

As ideias de Prahalad se aplicam muito bem às indústrias caracterizadas por transformações constantes nos produtos e processos, nas quais é possível reinventar conceitos (físicos ou não) com frequência. Trata-se de uma teoria excelente para os mercados característicos do mundo do bit.

O que diferencia Porter e Prahalad é o fato de que Porter dá uma atenção especial à análise das forças competitivas e Prahalad conclama os dirigentes a se preocuparem mais com o desenvolvimento de competências essenciais para alterar a borda da indústria. Efetivamente, quem assume a posição de liderança, estabelecendo quase um monopólio, não precisa se abalar muito com as forças competitivas, a não ser pela ameaça de novos entrantes e novos produtos. Entretanto, em muitos mercados, a aplicação desses conceitos se torna inviável. Na indústria do aço, por exemplo, por mais que se reinventem processos e se preparem pessoas, não se consegue ultrapassar facilmente as fronteiras atuais da indústria. Não há muito a modificar em um mercado dessa natureza.

Os conceitos de Prahalad, mesmo sendo muito importantes para as organizações no mundo de hoje, apresentam dificuldades de aplicação em setores mais tradicionais, não tendo, portanto, uma aplicação universal. É indubitável a importância de desenvolver competências essenciais. Isso não elimina a existência das forças competitivas, que desafiam cada empresa a se posicionar no presente com o objetivo de criar seu futuro.

Na introdução do livro *Vantagem competitiva,* Porter destaca que as fontes de vantagem competitiva devem ser procuradas também no interior das empresas, pois cada departamento tem uma função a ser definida e entendida. A importância dada por ele às competências está refletida no conceito de cadeia de valores, que divide uma empresa nas atividades distintas que ela executa desde o projeto, passando por produção, marketing e distribuição. As atividades precisam estar bem acopladas umas às outras, de forma racional, para fortalecer a cadeia de valores. Executar essas atividades de maneira mais eficiente, ou melhor do que os concorrentes, leva à vantagem competitiva.

Na visão de Porter, é essencial um entendimento claro das forças externas que agem sobre a companhia. E Prahalad não deixa de lembrar que é necessário conhecer o que há em uma indústria para se poder avançar no desenvolvimento das competências essenciais. Na verdade, a oposição entre as duas visões está apenas na diferença de ênfase.

Michael Porter costuma dizer que, se muitos dos empreendedores da *bolha da internet*[5] houvessem atentado para as cinco forças competitivas, presentes mesmo naquele mercado tão novo e promissor, com certeza não teriam entrado com o mesmo ímpeto e boa parte deles não teria falido. A experiência provou que, mesmo nos mercados em expansão, não basta uma boa ideia. É necessário também consolidar processos de qualidade e conhecer a ação das forças que atuam no setor.

Um fato inegável da economia do bit e que demonstra bem a velocidade das mudanças que ocorrem no setor de tecnologia é que o grande fabricante mundial de máquinas fotográficas agora é a Nokia, empresa de telefonia celular. A Kodak, tradicional no mercado fotográfico, há duas décadas era essencialmente uma empresa química, apoiada em muitas patentes nessa área. Entretanto, foi batida por um concorrente altamente improvável, uma empresa de telecomunicação. Nesse aspecto, tem razão Prahalad: a Nokia, com suas competências essenciais, alterou as bordas da sua indústria. Da mesma forma, tem razão Michael Porter quando aponta o risco permanente da entrada de novos produtos. Com as surpresas da tecnologia, nem sempre é possível imaginar de onde eles irão surgir.

REFERÊNCIAS

HAMEL, Gary; PRAHALAD, C. K. *Competing for the future.* Massachusetts: Harvard Business School Press, 1995.

HOOLEY, Graham J.; SAUNDERS, John A.; PIERCY, Nigel F. *Marketing strategy and competitive positioning.* London, New York: Prentice Hall, 1998.

KOTLER, Phillip. *Marketing management:* analysis, planning, implementation, and control. 9th ed. New Jersey: Prentice Hall, 1997.

MANKIW, N. Gregory. *Principles of economics.* McGraw-Hill/Irwin: New York, 2005.

PINDYCK, Robert S.; RUBINFELD, Daniel L. *Microeconomics.* 4th ed. New Jersey: Prentice Hall, 1998.

PORTER, Michael E. *Competitive strategy.* New York: The Free Press, 1980.

PORTER, Michael E. *Competitive advantage*: creating and sustaining superior perfomance. New York: The Free Press, 1985.

PORTER, Michael E. What is strategy? *Harvard Business Review.* Boston, Nov./Dec. 1996.

---

[5] *Bolha da internet*: supervalorização das empresas ponto-com, ocorrida logo após a popularização da internet, no final dos anos 1990, e o consequente "estouro" da bolha, quando inúmeras dessas empresas quebraram.

CAPÍTULO 4

EMPRESA

NÃO HÁ SEGURANÇA NESTE MUNDO, HÁ SOMENTE OPORTUNIDADES.
(General Douglas MacArthur, 1880-1964)

Conceitos como composto mercadológico, segmentação e posicionamento, Análise Swot, matriz BCG, entre muitos outros, são básicos para o administrador de empresas. A revisão apresentada neste capítulo foi preparada também com o intuito de auxiliar os gestores que não se detiveram o suficiente na teoria para extrair tudo o que ela traz de útil ao gerenciamento. Serão analisadas ferramentas tradicionais que seguem princípios ainda válidos de uso consagrado por corporações de diferentes portes e diversas indústrias. São teorias e técnicas de avaliação indispensáveis nas fases de cruzeiro normal, e ainda mais valiosas nos momentos de crise. Em geral, a eficácia aumenta quando essas ferramentas são utilizadas em conjunto, compondo um quadro bastante confiável para a tomada de decisão.

4.1 COMPETÊNCIA ESSENCIAL DA CORPORAÇÃO

Além de compreender o mercado, os gestores de alto nível precisam conhecer profundamente sua organização. Como responsáveis pela continuidade da empresa, devem alinhar as competências organizacionais à estratégia, dirigindo sua atenção tanto para dentro quanto para fora da companhia, verificando constantemente se as competências presentes estão se enfraquecendo ou se fortalecendo.

A atitude perene de aprendizagem e a busca da eficiência operacional fazem com que o planejamento estratégico se volte para o futuro, mas partindo do presente. Para analisá-lo, o administrador avalia o conjunto das atividades e estuda, de forma abrangente e profunda, as deficiências e as vantagens. Quando surge uma oportunidade no horizonte, confronta-a com os recursos disponíveis e os passíveis de desenvolvimento.

Todas as atividades da empresa devem ser avaliadas. Neste capítulo, a ênfase maior será dada à estratégia corporativa. Marketing é o departamento que tem como objetivo fazer a interface com o ambiente e transmitir uma visão positiva dos produtos e da empresa. O mercado não tarda em demonstrar que certos conceitos básicos de marketing não podem ser esquecidos. Por exemplo, um bem de conveniência[1] não pode ser comercializado como se fosse bem de especialidade; uma venda pela internet precisa ser suportada por uma logística adequada de entrega ao consumidor. Alguns erros podem comprometer o desempenho futuro da companhia.

Michael Porter, como mencionado no capítulo anterior, enfatiza o posicionamento da empresa no mercado e na formação da cadeia de valores. Defende a importância da eficiência operacional, mas ressalta que somente ela não basta para se garantir o sucesso da companhia. Deve haver um alinhamento das atividades da empresa com a sua estratégia para que se alcance um posicionamento único e reconhecido pelos clientes. A análise dos fatores internos da organização e o desenvolvimento das competências essenciais passam pela estratégia. Na prática, todos esses elementos são indissociáveis, na nova economia ou na economia tradicional. Varia a direção do foco.

Prahalad e Hamel apresentam uma visão estratégica para as organizações baseada na visão do futuro. Lançam a questão de como a empresa deve se orientar para garantir para si um espaço privilegiado e pioneiro, desenvolvendo competências essenciais que abram as portas para diversos produtos e mercados. A competição, então, seria pela liderança nas competências essenciais (*core competences*), que precedem e determinam a competição pela liderança de produtos. A competitividade da empresa depende de sua capacidade de formar, a custos menores e com mais velocidade do que os concorrentes, as competências essenciais que desenvolvam produtos difíceis de se copiar e que, além disso, sejam pioneiros e diferentes dos demais.

Em síntese, os administradores não podem se descuidar nem do desenvolvimento de competências, nem do posicionamento diante do mercado, que não é estático, mas essencialmente dinâmico. Sempre surgem novas tecnologias, novos competidores, novas demandas. Como o desenvolvimento de uma competência essencial pode levar tempo, algumas companhias investem mais no aperfeiçoamento de produtos e processos já consagrados, correndo o risco de perder posição no futuro. Cada vez mais, o sucesso vai depender da capacidade de previsão.

---

[1] A classificação de bens está dada no Capítulo 3.

São as competências essenciais que impulsionam os produtos diferenciados. A Apple, por exemplo, tem como competência essencial a capacidade de desenvolver a "usabilidade" de produtos por meio da tecnologia, como o caso do Iphone. Na Sony, a competência essencial é voltada para tecnologia e P&D (pesquisa e desenvolvimento). Essa competência é tão especial que a coloca à frente das demais. Avançando na compreensão das necessidades do cliente, a companhia desenvolveu produtos nos quais seus *prospects* não haviam pensado. Um exemplo clássico dessa habilidade da Sony ocorreu quando seus técnicos imaginaram que seria bom criar um aparelho para reprodução de música que se pudesse ouvir andando na rua, e bem pequeno, que deixasse as mãos liberadas. Assim, a Sony lançou o walkman e criou um nicho novo para todo o mercado, valendo-se de conhecimentos avançados e perscrutando os desejos dos clientes.

4.2 ANÁLISE SWOT

Desenvolvida há quase meio século por Albert Humphrey do Stanford Research Institute, a Análise Swot nunca perdeu atualidade, tão básicos e concretos que são os seus princípios. Como começar a elaboração de um plano estratégico? Avaliando, internamente, os próprios pontos fortes e fracos e, externamente, as ameaças e oportunidades. É isso que faz a Análise Swot, cujo nome é formado pelas iniciais de *Strengths* (forças), *Weaknesses* (fraquezas), *Opportunities* (oportunidades) e *Threats* (ameaças).

Anualmente ou com frequência maior, dependendo do ciclo do negócio, ou sempre que surgir no horizonte algum fator de impacto, os líderes da empresa se reúnem para discutir quais pontos fracos merecem ações corretivas, quais pontos fortes devem ser mais bem explorados e como agir diante de oportunidades e ameaças do ambiente externo. Essa análise descreve as condições no presente e, assim, destaca pontos para ações futuras, fornecendo as diretrizes para a elaboração do plano estratégico.

Pela amplitude de decisões que permite, esta ferramenta abrange a empresa como um todo, e não apenas um ou outro setor. Tem, portanto, um caráter corporativo. A Figura 4.1 representa a essência da análise.

A matriz é preenchida à luz da situação presente, pois assim se pode avaliar se determinado ponto é forte ou fraco, bem como se algum fator externo representa uma oportunidade ou uma grande ameaça. Um mesmo item pode estar tanto nos quadrantes da direita quanto nos da esquerda, dependendo do que a empresa considera bom ou mau para a concretização de sua estratégia. Ter um custo de produção muito alto não é necessariamente ruim se a estratégia for diferenciação, mas é um ponto fraco, a ser sanado com urgência, se a estratégia visar a liderança de custos.

GESTÃO ESTRATÉGICA DE MUDANÇAS CORPORATIVAS

FIGURA 4.1 Análise Swot

Dessa análise, surgem entendimentos essenciais para eventuais correções na rota. É o passo anterior à implementação das decisões quanto a investir ou não em determinados segmentos de mercado, mudar de fornecedor, mudar instalações, avançar em novas tecnologias.

Se a matriz é aparentemente simples, as discussões que provoca podem ser bastante complexas, pois exigem um nível de objetividade e desapego que nem sempre os executivos possuem. Mesmo que gere conflitos, a ferramenta só é válida se chegar a um quadro realista. Pode-se constatar, por exemplo, que a organização tem diferenciação, boa tecnologia, marca reconhecida, mas está perdendo posição no lançamento de novidades. Para um ou outro executivo, será difícil aceitar que o concorrente esteja surpreendendo o mercado com novos e maravilhosos produtos. Os fabricantes de máquinas de escrever, 20 anos atrás, tiveram primeiro que aceitar a obsolescência da escrita mecânica para depois desenhar a reação. Certamente, não foi fácil decidir se fechavam fábricas ou se investiam no avanço tecnológico para aderir aos produtos que começavam a ocupar o seu mercado.

Uma dificuldade muito comum é a existência de dirigentes sem a disciplina e a paciência necessárias para percorrer uma longa lista de fatores para cada quadrante da matriz. Outros gestores simplesmente não conhecem os processos de planejamento. Além disso, ninguém gosta de ouvir falar sobre problemas de sua área de responsabilidade. Não há qualquer dificuldade em se falar dos pontos fortes e das oportunidades; já para reconhecer fraquezas, surgem resistências sérias.

Um bom argumento a ser utilizado é: se não fizermos a avaliação crua, o problema continuará por aqui. Mesmo com as dificuldades, a participação ativa não só de diretores como também de gerentes e outros profissionais da organização tem ocorrido de maneira crescente. Quanto mais compartilhada for a discussão, melhor, pois assim são levantadas questões que podem ser invisíveis para a alta cúpula. Muitas vezes, o funcionário de nível operacional vê determinado ponto de um ângulo mais privilegiado do que seus chefes.

As primeiras tentativas para se fazer a Análise Swot podem soar estranhas à equipe. Entretanto, a cada vez em que se volta à discussão, a participação é maior e mais vibrante. A comparação de análises feitas ano a ano oferece um histórico das conquistas e dos desafios. É gratificante ver, nesse processo, como crescem na equipe o comprometimento e o sentido de meta compartilhada. Todos vibram, por exemplo, quando surge solução para um ponto fraco que vinha sendo apontado nas análises anteriores sem poder ser resolvido.

De maneira formal ou não, a Análise Swot deve ser feita constantemente pelos dirigentes, apoiados em pesquisa de mercado e acompanhamento de fenômenos macro e microeconômicos. O problema é que muitos executivos a usam sem conhecer o conceito, e outros, apesar de o conhecerem, têm dificuldade em visualizar sua aplicação.

A estratégia, mais do que a missão ou a visão organizacional, é o guia que conduz a criação, a produção e a venda dos produtos. A Análise Swot verifica como a empresa está seguindo esse guia. Representa o *input* no processo de avaliação das mudanças internas e externas. Do ponto de vista operacional, mostra se o posicionamento está adequado ou se precisa de reparos. Com ela, nascem planos de marketing, planos de investimento, de recursos humanos, P&D e outros.

Seus críticos apontam, com razão, que a Análise Swot pressupõe total isenção dos dirigentes em relação ao quadro, como se avaliar e planejar fossem sempre processos racionais e objetivos. Além disso, colocam em dúvida a fidelidade dos dados à disposição da cúpula e a capacidade da estrutura toda em seguir à risca os rumos traçados. Alguns autores dizem que a estratégia pode se tornar uma restrição que impede a empresa de criar novos caminhos para si. Tudo isso merece reflexão cuidadosa e há uma extensa literatura tratando dessa realidade tão constante na vida corporativa.

Realmente, é comum observar esses e outros deslizes no uso das técnicas gerenciais. Muitas vezes, empresas desorganizadas aderem a ferramentas da moda, acreditando que assim podem dispensar análises mais objetivas. O resultado pode ser mais desorganização e mais problemas. Profissionais experientes desenvolvem a sensibilidade necessária para manter as técnicas a seu serviço, e não o contrário. Daí a importância de aliar o conhecimento teórico à prática. E, na prática, a Análise Swot é uma ferramenta indispensável no apoio à tomada de decisão.

ANÁLISE DO AMBIENTE INTERNO

Para preencher os quadrantes superiores, são examinados todos os sistemas e processos da empresa. Resumidamente, são estes os fatores internos a serem avaliados: instalações e equipamentos, tecnologia utilizada, localização geográfica em função da logística de produção, compras, distribuição do produto final, valor da marca, imagem pública, qualidade do produto, resultados da área de marketing, disponibilidade de capital, fluxo de caixa, economia de escala, comprometimento dos empregados, produtividade, conhecimento e habilidade técnica da força de trabalho, cumprimento dos prazos de entrega, inovação, efetividade das lideranças.

A estrutura de capital e a falta de recursos humanos de nível adequado são aspectos que merecem uma atenção especial nesse processo de análise, pois podem representar um ponto fraco bastante restritivo para a sobrevivência da organização.

ANÁLISE DO AMBIENTE EXTERNO

A análise da indústria é indispensável para mapear o posicionamento da empresa em relação à configuração do ambiente. Se o setor estiver em fase de pleno crescimento, deve-se perguntar até que limite isso poderá acontecer. Outras perguntas cruciais são: o ambiente demanda mudanças no produto? Novas barreiras despontaram no horizonte? Há novos mercados se formando?

Lembrando Schumpeter, a destruição criativa é uma constante no capitalismo. Ideias e produtos surgem e desaparecem em todos os âmbitos. É preciso estudar o público-alvo, avaliar se é necessário alterar algumas operações, monitorar as tendências, analisar os riscos, verificar pontos fortes e pontos fracos do concorrente e entender como ele compatibiliza suas operações com as condições da indústria.

Fatores diretamente relacionados aos clientes merecem especial atenção. A Análise Swot pode demonstrar, por exemplo, que é vantajoso antecipar um determinado lançamento ou a inauguração de uma nova unidade, porque um novo entrante está chegando com um produto concorrente capaz de dominar o mercado.

Se for detectada dependência excessiva do fornecimento de matéria-prima, passa-se a cogitar sobre a possibilidade de uma integração vertical para trás. Se o poder de barganha dos clientes estiver desequilibrando a balança, é possível que uma integração vertical para frente seja indicada ou que a saída esteja em promover melhoramentos na linha de produtos que os torne mais críticos para os clientes ou, ainda, na revisão dos processos produtivos, visando a redução de custos e o aumento da competitividade da empresa.

Também devem ser avaliadas as forças macroeconômicas (ver Capítulo 6) que agem na indústria: pressões socioeconômicas (como a questão ecológica), políticas governamentais e novas tecnologias.

EMPRESA

4.3 MATRIZ PRODUTO-MERCADO DE ANSOFF

Um instrumento de suporte para decisões de marketing, tão útil e tradicional quanto a Análise Swot, é a Matriz de Produto-Mercado de Ansoff. Esta ferramenta auxilia os gestores a visualizar de maneira simples as alternativas estratégicas e de marketing existentes em relação a produtos e mercados e, dessa forma, definir ações no processo de planejamento. Mais operacional do que corporativa, ela compara os mercados em que a empresa atua com os produtos que vende.

Como vemos na Figura 4.2, a Matriz Produto-Mercado facilita a organização das ideias quando se tem que optar entre:

- *Quadrante superior esquerdo* – aumentar a penetração no mercado atual com o objetivo de transformar clientes ocasionais em regulares e clientes regulares em compradores intensivos.

- *Quadrante inferior esquerdo* – desenvolver mercado, atuar em outras regiões ou segmentos de mercado com os mesmos produtos.

- *Quadrante superior direito* – desenvolver novos produtos para os mesmos clientes.

- *Quadrante inferior direito* – diversificar, ou seja, oferecer novos produtos em novos mercados. Esta é a mais arriscada das opções.

	Produtos	
	Existentes	Novos
Mercados Existentes	Penetração de mercado	Desenvolvimento de produtos
Mercados Novos	Desenvolvimento de mercado	Diversificação

Fonte: ANSOFF, H. Igor. A nova estratégia empresarial. São Paulo: Atlas, 1990.

FIGURA 4.2 Matriz de Produto-Mercado

Esta ferramenta dá uma dimensão de risco, pois ajuda os dirigentes a visualizar os movimentos e as ameaças envolvidas. Favorece a análise de oportunidades de crescimento e, para ser realmente eficaz, deve ser elaborada isoladamente para cada unidade ou produto.

O modelo foi proposto por H. Igor Ansoff[2] para apoiar o planejamento estratégico e revela-se uma técnica de suporte importante para os executivos enxergarem os movimentos possíveis à frente. Quando, por exemplo, o mercado está crescendo, porém a intensidade da concorrência dificulta o aumento da participação, automaticamente se pergunta o que fazer para continuar crescendo. A resposta pode ser procurar novos mercados ou lançar um produto altamente inovador.

4.4 MATRIZ BCG

Em 1967, uma equipe do Boston Consulting Group desenvolveu um modelo para análise de portfólio de produtos – ou de unidades de negócio – segundo seu ciclo de vida. Nasceu assim a Matriz BCG, como mostra a Figura 4.3, baseada em dois aspectos das vendas: participação no mercado e crescimento do mercado.

FIGURA 4.3 Matriz BCG

Na Figura 4.4, os círculos representam o tamanho e a posição de cada produto (ou cada negócio). A Análise BCG, bastante difundida e utilizada, é aplicável a produtos em uma ou diversas unidades de negócio de uma empresa, resultando em bom entendimento da situação e em boas ideias. Auxilia especialmente na tomada de decisões sobre novos investimentos, em marketing, P&D, recursos humanos etc.

---

[2] ANSOFF, H. Igor. *Corporate strategy:* an analytic approach to business policy for growth and expansion. New York: McGraw-Hill, 1965.

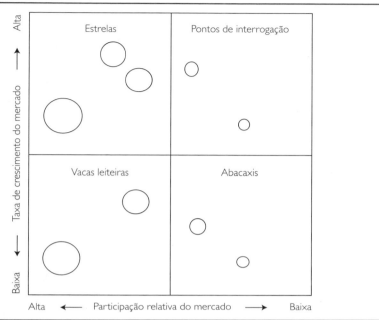

FIGURA 4.4 Estrutura da matriz do BCG original

Quanto maior for a fatia do mercado ou quanto mais o mercado crescer, melhor deve ser a rentabilidade. Desse ponto de vista, são quatro as possibilidades, assim nomeadas:

- *Criança-problema* (ou "ponto de interrogação" ou "em questionamento") – é o produto que está em uma indústria atraente, porém exige investimentos altos e traz pouco retorno financeiro.
- *Estrela* – produto que demanda grandes investimentos e lidera as vendas em um mercado promissor, ficando em torno do ponto de equilíbrio quanto ao fluxo de caixa.
- *Vaca leiteira* – são os produtos maduros, de boa venda em mercados com baixa taxa de crescimento. Precisam de baixo investimento em desenvolvimento ou propaganda e dão retorno financeiro acima da média.
- *Abacaxi* (também conhecido como "cachorro", "vira-lata" ou "animal de estimação") – trata-se dos produtos de pouca penetração em mercados em declínio. Geram prejuízo.

Todo produto tem um ciclo de vida (introdução, crescimento, maturidade e declínio). Alguns têm ciclo longo, e outros, vida curta. Um produto pode começar como único, mas logo em seguida ser imitado e até suplantado pelos concorrentes. Isso faz com que suas vendas caiam em relação às vendas da indústria. A Matriz BCG foi concebida para analisar a situação dos produtos segundo seus ciclos e seus diferentes mercados. Nela está implícito o conceito de *curva de experiência*: conforme uma empresa ganha experiência para produzir um bem ou serviço, vai reduzindo seu custo por unidade.

Os estudos que deram suporte para o desenvolvimento da Matriz BCG foram desenvolvidos nos anos 1960 por pesquisadores da Harvard Business School; com base em um banco de dados abrangente, eles relacionaram o impacto do aumento da participação de mercado de várias empresas com o aumento de sua lucratividade. Isso decorria da economia de escala proporcionada pelo crescimento do volume de produção (PIMS – *Profit impact on market share*).

Uma Matriz BCG equilibrada tem pouco ou nenhum *abacaxi*, muitas *estrelas* e *vacas leiteiras* e algumas *crianças-problema* (produtos em maturação). Há um fluxo de recursos a ser gerido adequadamente em relação ao desempenho comercial dos produtos. A matriz proporciona um critério lógico para direcionamento dos recursos gerados pelas diferentes linhas de produtos ou negócios. A geração de caixa dos produtos *vacas leiteiras* deve ser direcionada prioritariamente para os produtos *estrelas* e para os *crianças-problema* que ofereçam boas perspectivas futuras. Da mesma forma, os investimentos devem ser direcionados para esses segmentos e reduzidos ou eliminados nos produtos *vacas leiteiras* e *abacaxis*.

Entre os produtos classificados como *crianças-problema*, alguns têm potencial para vender bem, e outros, não. É preciso identificar os de bom potencial e investir recursos no seu crescimento. No entanto, os que não têm potencial de vendas e os classificados no quadrante *abacaxis* devem ser descontinuados. Eles podem ser alvo de operações que gerem lucro a curto prazo (promoções, por exemplo), mesmo que isso signifique queda vertiginosa na participação de mercado mais adiante. O lucro dessas operações emergenciais deve ser destinado ao investimento nas *estrelas* e nas *crianças-problema* com bom potencial de crescimento.

Também devem ser reservados para as *estrelas* e as *crianças-problema* promissoras os recursos provenientes do lucro certo das *vacas leiteiras*. Estas dispensam investimentos extras, que devem ser destinados aos produtos com futuro.

É bom ter em mente algumas limitações da Matriz BCG: não é prudente avaliar um produto apenas pela posição presente, pois sua evolução na indústria é um caminho dinâmico. Esse quadro de análise deve ser complementado com outros estudos para não resultar em caminhos equivocados nem engessar a capacidade de aprendizagem e de criação das equipes envolvidas. Fica a cargo dos analistas avaliar se a situação de determinado produto é provisória, se há perspectiva de mudanças no mercado, se é o caso de investir mais em um ou outro item.

4.5 MATRIZ GE

Elaborada por profissionais da empresa General Electric e da consultoria McKinsey, a Matriz GE, representada no Quadro 4.1 é um pouco mais detalhada do que a Matriz BCG, porque incorpora o fator atratividade do setor e o compara com níveis de força da empresa. Por isso é também chamada de Matriz de Atratividade. É muito apreciada por sua concisão e abrangência, e esclarecedora tanto para grandes empresas, com suas inúmeras unidades, quanto para empreendimentos menores que tenham mais de um negócio.

A análise da indústria fornecerá dados para avaliar se um setor é atrativo ou não. Outros indicadores são: taxa de crescimento, sazonalidade, nível de inovação, restrições legais, tecnológicas e patentes. Para saber se uma unidade de negócio está forte ou fraca, são avaliados fatores como participação de mercado, lucratividade, custo operacional, capacidade operacional, inovação, qualidade e reputação do produto, e gestão da unidade.

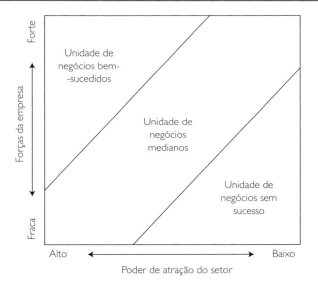

FONTE: WRIGHT, Peter; KROLL, Mark J.; PARNELL, John. Administração estratégica: conceitos. São Paulo: Atlas, 2000.

FIGURA 4.5 Estrutura da Matriz GE

Como demonstra o Quadro 4.1, o ideal para as unidades de negócio é serem classificadas na parte superior esquerda, ou seja, que estejam fortes e em setores atraentes. As unidades nessa condição devem receber os incentivos demandados para que continuem obtendo sucesso. Na faixa central estão as unidades com desempenho mediano, que mantêm uma relação inversa entre as suas forças e o poder de atração do setor. Tais unidades devem receber apoio apenas na medida em que seja detectado potencial de se tornarem lucrativas, seja por mudanças previstas para o setor, seja pelo fortalecimento interno da unidade. Se não houver tal potencial, elas devem ser descontinuadas, assim como todas as que se encontram no canto inferior direito do quadro, em que o setor não é interessante e a unidade tem desempenho ruim.

		FORÇA DO NEGÓCIO		
		Forte	**Média**	**Fraca**
ATRATIVIDADE DE MERCADO	**Alta**	**Proteger posição** • Investir para crescer o máximo • Concentrar esforços para manter a força	**Investir para crescer** • Desafiar pela liderança • Crescer seletivamente nos pontos fortes • Reforçar as áreas vulneráveis	**Crescer seletivamente** • Reforçar as forças limitadas • Procurar meios de superar as fraquezas • Retirar-se se não houver indicadores de crescimento sustentável
	Média	**Crescer seletivamente** • Investir fortemente nos segmentos mais atraentes • Crescer em habilidade para deter os concorrentes • Enfatizar a rentabilidade via aumento da produtividade	**Seletividade/Administrar para o lucro** • Proteger os programas existentes • Concentrar os investimentos em segmentos de boa rentabilidade e de riscos relativamente baixos	**Expansão limitada ou desaceleração** • Procurar maneiras de expandir sem alto risco, caso contrário, minimizar os investimentos e racionalizar operações
	Baixa	**Proteger e reforçar** • Administrar os ganhos anuais • Concentrar em segmentos atraentes • Proteger forças	**Administrar para o lucro** • Proteger a posição nos segmentos mais rentáveis • Ampliar a linha de produtos • Minimizar o investimento	**Abandonar** • Vender no momento certo para maximizar o capital investido • Cortar custos fixos e evitar investimentos

Fonte: KOTLER, Phillip. *Marketing management:* analysis, planning, implementation, and control. 9th ed. New Jersey: Prentice Hall, 1997.

QUADRO 4.1

4.6   4P'S

Por mais que ocorram mudanças nos produtos e nas indústrias, por mais que o mundo do bit traga novidades, permanece válida uma regra essencial que foi explicitada por McCarthy há mais de 40 anos[3]: são quatro as variáveis básicas do *marketing mix*[4] – produto, praça (*point,* ponto ou distribuição), promoção/comunicação e preço, conforme

---

[3]   MCCARTHY, E. Jerome. *Basic marketing, a managerial approach.* Illinois: Richard D. Irwin, 1960.

[4]   *Marketing mix* é o conjunto de ferramentas usadas para atingir os objetivos de marketing.

apresentado na Figura 4.6. Para que um negócio prospere, esses quatro elementos devem ser considerados de forma estratégica e integrada.

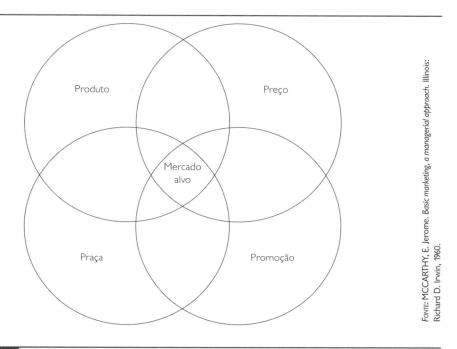

FONTE: MCCARTHY, E. Jerome. Basic marketing, a managerial approach. Illinois: Richard D. Irwin, 1960.

FIGURA 4.6 Matriz dos 4 P's

Todo *produto* atrai comprador em razão dos seus atributos de qualidade, variedade, design, marca, embalagem, tamanho, garantia, atendimento etc. Além disso, são essenciais para a escolha a ser feita pelo cliente os quesitos: *preço* oferecido (condições de pagamento, oferta de crédito e descontos), *promoção* de vendas (propaganda, força de vendas, relações públicas, marketing direto etc.) e *praça* (canais de distribuição, cobertura, sortimento, localização, transporte e disponibilidade).

Qualquer que seja a estratégia adotada pela empresa, é fundamental considerar as interdependências entre essas quatro variáveis e garantir que funcionem sintonizadas. Quando uma empresa faz uma liquidação e investe pesadamente em propaganda pela televisão, por exemplo, precisa garantir, ao mesmo tempo, boa distribuição e boa qualidade. Se não satisfizer o desejo do consumidor nos 4 P's, seja não disponibilizando o produto adequadamente, seja alardeando atributos que não entrega, irá gerar uma dicotomia na comunicação que prejudicará as vendas e sua imagem diante do público.

Infelizmente, são vários os exemplos de campanhas bem-sucedidas de comunicação que não foram acompanhadas por boa logística de distribuição, gerando falta de produtos

GESTÃO ESTRATÉGICA DE MUDANÇAS CORPORATIVAS

em diversos pontos ou regiões. E são comuns, também, casos de produto excelente, com boa rede de distribuição, que foi um fracasso de vendas pela falta de divulgação adequada. Todos os 4 P's precisam de igual atenção e esforço. Por isso, não somente a área de marketing mas todas as áreas envolvidas precisam alocar investimento e pessoal para que os quatro requisitos sejam bem atendidos.

4.7   SEGMENTAÇÃO E POSICIONAMENTO

Um dos fundamentos de marketing é que os clientes não compram produtos, eles compram a satisfação de suas necessidades físicas ou psicológicas. O conceito de *segmentação* está relacionado ao atendimento, de maneira específica, a um determinado grupo de clientes que percebam e valorizem um produto, de forma a proporcionar um retorno maior para a empresa e, potencialmente, uma barreira de entrada para novos concorrentes.

Segmentação é a subdivisão do mercado em grupos menores, que passam a ser vistos como mercados-alvo. A definição desses grupos não é feita aleatoriamente, mas segundo características passíveis de mensuração. Estudando as diferenças de comportamento entre os clientes, isolam-se grupos-alvo do restante do mercado. A segmentação pode ser definida a partir de diferentes parâmetros: seus atributos, o benefício visto pelos compradores, sua aplicação, o tipo de usuário (nível socioeconômico, faixa etária etc.), concorrentes, categoria de produto, qualidade, faixa de preço, estilo de vida, entre outros.

Posicionar é integrar adequadamente os 4 P's, e não um ato isolado em relação ao P de publicidade. É o encadeamento eficiente de atividades da empresa para atender uma determinada necessidade de um grupo de clientes. É a essência do conceito de *fit* de Michael Porter (ver Capítulo 5). A análise do mercado e o estudo da empresa – além da própria história do produto – fornecerão subsídios para a definição do melhor posicionamento a ser buscado.

Em uma sociedade saturada de informações, a disputa das empresas é para ter uma posição relevante na mente dos seus clientes potenciais. Considerando que cada indivíduo faz uma classificação particular dos produtos que lhe são ofertados, as empresas procuram vincular sua marca com o que já está na mente do comprador. Ele aceitará o que combinar com experiências anteriores e rejeitará o que não combinar. Por isso, as campanhas publicitárias criam associações significativas para os mercados-alvo.

Reagindo ao bombardeamento diário de informações, as pessoas criam resistência e retêm poucas marcas na memória. Algumas ficam mais gravadas do que outras, como se comprova quando alguém é solicitado a listar marcas de sabonete, ou de carro, ou de outras mercadorias: apenas duas ou três são mencionadas de imediato.

O posicionamento da marca faz parte da análise de uma empresa. Para que haja posicionamento rentável, as atividades de marketing precisam obrigatoriamente ser respaldadas por outras atividades. O posicionamento se sustentará quando a empresa

EMPRESA

efetivamente entregar o que propala. Ele é desenvolvido durante muito tempo e deve ser mantido também no longo prazo, sempre atentando para os elementos básicos dos 4 P's. Uma vez obtida a primazia na mente das pessoas, dificilmente outra empresa ocupará o mesmo espaço, e o líder só precisará reforçar a posição. Como vencer o custo de entrada nem sempre compensa, pode ser mais interessante aos novos entrantes definir para si um posicionamento de segundo plano, buscar uma posição não ocupada.

4.8   EXEMPLOS

Caso exemplar de bom posicionamento é a empresa Fedex, que desenvolveu ao longo dos anos uma imagem de rapidez e perfeição. Para se manter assim, ela não pode correr riscos com o pessoal de logística, de comunicação e outros pontos centrais para sua eficiência. Todas as áreas de suporte precisam realmente estar preparadas para que não ocorram falhas.

Por sua vez, a Sony tem desenvolvido uma estratégia de diferenciação baseada em P&D e tecnologia de produtos com grande sucesso, que é suportada por uma excelente área de fabricação, assim como por setores de marketing e distribuição.

REFERÊNCIAS

ANSOFF, H. Igor. *A nova estratégia empresarial.* São Paulo: Atlas, 1990.

ANSOFF, H. Igor. *Corporate strategy:* an analytic approach to business policy for growth and expansion. New York: McGraw-Hill, 1965.

HAMEL, Gary; PRAHALAD, C. K. *Competing for the future.* Massachusetts: Harvard Business School Press, 1995.

HOOLEY, Graham J.; SAUNDERS, John A.; PIERCY, Nigel F. *Marketing strategy and competitive positioning.* London: Prentice Hall, 1998.

KOTLER, Phillip. *Marketing management:* analysis, planning, implementation, and control. 9th ed. New Jersey: Prentice Hall, 1997.

MCCARTHY, E. Jerome. *Basic marketing, a managerial approach.* Illinois: Richard D. Irwin, 1960.

MINTZBERG, Henry; AHLSTRAND, Bruce; LAMPEL, Joseph. *Strategy safari:* a guided tour through the wilds of strategic management. New York: The Free Press, 2005.

PORTER, Michael E. *Competitive strategy.* New York: The Free Press, 1980.

PORTER, Michael E. *Competitive advantage*: creating and sustaining superior perfomance. New York: The Free Press, 1985.

RIES, Al; TROUT, Jack. *Positioning:* the battle for your mind. New York: Warner Books, 1993.

WRIGHT, Peter; KROLL, Mark J.; PARNELL, John. *Administração estratégica:* conceitos. São Paulo: Atlas, 2000.

CAPÍTULO 5

ESTRATÉGIA

A NÃO SER QUE O LÍDER SAIBA PARA ONDE ELE ESTÁ INDO, QUALQUER CAMINHO O LEVARÁ LÁ.
(Theodore Levitt, 1925-2006)

5.1   O QUE É ESTRATÉGIA?

As respostas às perguntas "Onde estamos?", "Para onde queremos ir e por quê?", "Qual o caminho para chegar onde queremos?" formam a estratégia de uma empresa, ou seja, o modo como ela vai competir em um determinado mercado (ver Figura 5.1). Definir a estratégia é criar o futuro de uma organização, de maneira estruturada e com boa dose de sensibilidade e criatividade.

A estratégia consiste em como a empresa usa suas competências para desenvolver vantagens competitivas que sejam sustentáveis, únicas e valorizadas pelos clientes. É a posição escolhida no mercado para obter retornos acima da média da indústria.

Estratégia é a forma que a empresa vai competir em um determinando mercado, como mostra a Figura 5.1.

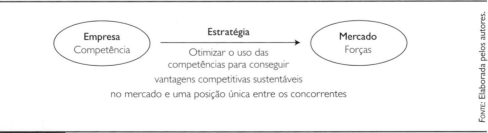

FIGURA 5.1   Formulação estratégica

Todos os planos de ação de uma empresa têm um único ponto de referência: sua estratégia para atingir o mercado em condição de vantagem sobre os concorrentes. Estratégia é o que define a empresa. É o guia, a baliza-mestra, que paira acima das táticas e dos procedimentos específicos, e está diretamente relacionada à competição.

É conveniente lembrar que nem os teóricos, nem os práticos parecem ser unânimes quanto à conceituação de estratégia. A definição de Michael Porter tem sido de grande utilidade. Porter chegou a ela estudando centenas de empresas ao longo de uma década, em pesquisa própria e de seus alunos de pós-graduação na Harvard Business School. Os estudos, que envolveram organizações locais e internacionais, apontaram que um foco claro em diferenciação ou em custo trazia rentabilidade acima da média do setor. As empresas que ficavam no meio-termo tinham rentabilidade abaixo da média.

A estratégia vem muito mais da persistência em seguir um caminho definido – e manter o foco – do que de grandes inspirações criativas. Estará mais clara e mais bem definida na medida em que a empresa decidir o que não vai fazer. Funciona como se fosse um filtro para evitar perda de energia e de foco com atividades e projetos alheios à proposta básica competitiva da organização. Alguns empresários fazem uma ideia apenas intuitiva do que querem e mesmo assim têm clareza de como chegar aos objetivos. Outros não contam com essa clareza e "atiram para todos os lados", precisando que alguém os ajude a responder às perguntas feitas no início deste capítulo.

5.2 TIPOS DE ESTRATÉGIA

Michael Porter destaca que estratégia de *liderança em custos* implica ser melhor em eficiência operacional e, por isso, ter os menores custos médios do setor e poder oferecer os menores preços. Dessa maneira, a empresa é capaz de ganhar e manter *market share* sustentando boa lucratividade. Com uma estratégia de *diferenciação*, a organização consegue, por meio de atributos do produto ou pela imagem da marca, vender a preços mais altos do que a média do setor, de forma a cobrir os custos e obter bons lucros.

Cada uma das estratégias principais – custo e diferenciação – pode ser aplicada a um determinado mercado-alvo, caracterizando um terceiro tipo de estratégia, denominada *de enfoque*. Os três tipos são chamados de estratégias genéricas: (1) liderança de custo, que tem alvo amplo; (2) diferenciação, também de alvo amplo; e (3) enfoque, que tem alvo estreito.

A maioria das empresas, qualquer que seja o porte, tem uma estratégia, seja ela intuitiva ou desenvolvida de maneira estruturada em conceitos acadêmicos. A estratégia costuma estar sempre bem fundamentada, mesmo que não esteja formalizada. É na sua implementação que costumam surgir os problemas. Um deles são os riscos. Se cada

ESTRATÉGIA

estratégia genérica demanda políticas próprias de cultura, capital humano, marketing, tecnologia etc., também existem ameaças próprias a cada uma para serem gerenciadas. Elas estão descritas no Quadro 5.1.

Riscos da liderança no custo	Riscos da diferenciação	Riscos do enfoque
Liderança de custos não é sustentável • Concorrentes imitam • Tecnologia muda • Outras bases para a liderança de custos se desgastam	Diferenciação não é sustentada • Concorrentes imitam • Bases para diferenciação passam a ser menos importantes para os compradores	A estratégia do enfoque é imitada O segmento-alvo torna-se sem atrativo em termos estruturais • Estrutura erode • Demanda desaparece
Proximidade da diferenciação é perdida	Proximidade de custos é perdida	Concorrentes com alvos amplos dominam o segmento • As diferenças do segmento em relação a outros segmentos estreitam-se • As vantagens de uma linha ampla aumentam
Enfocadores de custos obtêm custos ainda mais baixos em segmentos	Enfocadores na diferenciação obtêm diferenciação ainda maior em segmentos	Novos enfocadores segmentam a indústria

Fonte: PORTER, Michael E. *Competitive advantage: creating and sustaining superior performance.* New York: The Free Press, 1985.

QUADRO 5.1 Riscos das estratégias genéricas

A empresa sem uma estratégia definida é mais vulnerável aos riscos. Por ficar navegando sem rumo, desperdiça recursos e abre espaço para a concorrência. A estratégia precisa ser muito clara para todos, fazendo parte intrínseca da cultura da organização. Por isso, também, ela deve ser única. Na medida em que todos os esforços convergem para a mesma direção, a empresa ganha foco e obtém resultado.

Os erros estratégicos vêm de dentro da organização. Os executivos, por vezes, não entendem a estratégia; preocupam-se mais em criar valor para os acionistas do que em atender o cliente, podendo comprometer o desempenho futuro da empresa ao olharem apenas para o curto prazo. Essa é uma visão equivocada, pois, se a estratégia agregar valor, automaticamente irá gerar lucro como decorrência. Não é sábio inverter essa ordem.

A definição da estratégia não pode ser confundida com discurso sobre missão e visão. A estratégia precisa levar a bons resultados e tem a ver com o que fazer para ser único em determinado segmento. Os empresários querem que seu produto seja "o melhor", mas essa é uma questão relativa. Não existe, para exemplificar, o melhor carro do mercado. Existe o melhor carro para certo mercado-alvo.

5.3 AS CINCO FORÇAS

No Capítulo 3, descrevemos as forças que devem ser levadas em conta ao se analisar uma indústria: poder de barganha dos fornecedores, rivalidade entre os concorrentes, poder de barganha dos clientes, entrada de novos concorrentes e produtos substitutos. A maneira particular como essas forças interagem, associada à análise das forças e fraquezas da empresa (ver Análise Swot no Capítulo 4), dará uma forte indicação da estratégia a ser escolhida. Essa estratégia fará com que as ameaças sejam amenizadas e as demais forças atuem a favor da lucratividade ao longo do tempo, garantindo taxas de lucro acima da média do setor.

Quem administra ou vai abrir um negócio, seja na nova economia ou na economia tradicional, não pode deixar de analisar como estão as forças de sua indústria. Como a essência da estratégia é a forma de lidar com a competição, saber avaliar a competição é essencial na busca de um posicionamento adequado. Por mais bem equipada que seja a empresa, e por melhores que sejam seus processos internos, ela não poderá ter sucesso se a indústria estiver saturada ou em declínio.

É preciso saber o que determina as cinco forças do mercado, analisando a intensidade da rivalidade entre os concorrentes, avaliando a vulnerabilidade à entrada de novos concorrentes ou de novos produtos, sabendo o que determina o poder de compra dos clientes e quais são os fatores da pressão exercida pelos fornecedores. A partir da análise do mercado é possível desenvolver atividades de modo diferente do que fazem os concorrentes, criando um espaço próprio de inserção e agindo para proteger e melhorar a própria indústria. O plano de ação estratégico pode incluir tanto a defesa contra as forças competitivas quanto a geração de mudanças na indústria e a criação de novo equilíbrio estratégico.

Alguns autores colocam foco no conhecimento das necessidades explícitas e implícitas dos clientes. Outros autores enfatizam a necessidade de criar habilidades exclusivas no desenvolvimento de novos produtos, garantindo acesso superior a recursos ou a clientes, restringindo as opções dos concorrentes. Tudo isso é realmente importante, porém a estratégia precisa considerar não apenas duas ou três, mas, sim, todas as cinco forças presentes em qualquer indústria.

5.4 VANTAGEM COMPETITIVA SUSTENTÁVEL

A estratégia estabelece a posição competitiva que garante a preferência dos clientes ao longo do tempo. Inúmeras empresas, principalmente as mais tradicionais, construíram suas estratégias com base na intuição dos seus fundadores, que, ao lançarem o produto e a forma de se relacionar com os clientes, transmitiram suas crenças e seus valores. Com o passar do tempo, o empreendimento toma corpo e aprimora as atividades que suportam a estratégia inicial. Um dos principais objetivos do planejamento estratégico é propor e desenvolver ações para reforçar as vantagens competitivas e a estratégia adotada há muito tempo.

Além dessas conceituações apresentadas, estratégia também é definida como a configuração de atividades internamente coerentes que distinguem uma companhia de suas rivais. Para garantir essa configuração, é preciso compreender e definir a função de cada departamento ou atividade, de modo que as diversas operações sejam colocadas em sinergia. Obtida a sinergia, consegue-se baixar o custo ou gerar a diferenciação dos produtos.

Essa é a base da vantagem competitiva, que, para durar, deve ser percebida pelo cliente e, ao mesmo tempo, ser de difícil imitação. Tal condição é atingida quando a configuração das atividades é bem compreendida e fica bem definido com que produtos competir, em que mercados atuar, quais as ameaças e as oportunidades do ambiente, que pontos fortes devem ser amplificados e que pontos fracos devem ser solucionados.

Porter destaca que uma maneira de organizar as atividades é refinar a cadeia de valores. Uma cadeia de atividades bem sintonizadas com a estratégia representa uma enorme força. É uma grande barreira à entrada de novos produtos ou de novos concorrentes na disputa do mercado. Quando existe compatibilidade, ajuste e encaixe (ou *fit*, no dizer de Porter) na cadeia, o resultado é rentabilidade acima da média do mercado. Há empresas de grande sucesso que não fazem nada excepcional, apenas mantêm todas as atividades encaixadas, em uma consistência absoluta. Não há lacuna na cadeia das atividades em si, nem entre estas e a estratégia.

Para que haja uma sólida cadeia de valores, o processo de planejamento deve estabelecer, principalmente, o que não fazer. Esse ponto é essencial. Todo dirigente de empresa, a todo momento, é assolado por ideias atraentes para desviar o negócio de sua estratégia. Contudo, é necessário dizer não e, assim, fortalecer o curso de ação original. Para usar a mesma expressão que Michael Porter, é necessário fazer *trade-offs* (escolha entre alternativas). Sem escolher, a empresa começa a se perder na divisão de esforços entre rumos conflitantes, quando seria mais lógico sustentar a estratégia por meio da melhoria constante dos processos.

O mesmo princípio se aplica à nova economia, com seus ciclos curtos. Assim como na economia tradicional, os empreendedores do mudo do bit necessitam de muita firmeza para não se embrenharem pela tecnologia sem uma estratégia clara, seja de custo, seja de diferenciação. Podem ser trocados os equipamentos, os softwares e os processos, mas a estratégia precisa ser mantida. Estratégia não é avanço tecnológico. Também não é missão, nem visão de futuro, nem meta de multiplicação do faturamento. Estratégia é posicionar-se na indústria de maneira única e criar uma cadeia de valores que garanta uma vantagem competitiva diante dos concorrentes.

GESTÃO ESTRATÉGICA DE MUDANÇAS CORPORATIVAS

A Southwest Airlines foi pioneira no mercado norte-americano em utilizar uma estratégia competitiva de liderança de custos (*low cost*, *low fare*). Para sustentar tal estratégia, a empresa desenvolveu e aprimorou uma série de atividades perfeitamente integradas, encaixadas e alinhadas com a sua estratégia. Desde reservas pela internet, sem custos com bilhetes ou com funcionários, passando pela frota uniforme que permitia um custo de manutenção baixo, assim como custos de estoques reduzidos, serviço de bordo espartano, trechos entre cidades e aeroportos que permitiam rápido serviço de terra com otimização do tempo de voo das aeronaves, todas as suas atividades básicas se integram de forma eficiente. O sucesso da estratégia ocorreu pela sua eficiente implantação e por haver um expressivo segmento de mercado que reconhecia e preferia uma alternativa de voos curtos sem qualquer sofisticação e com preços baixos.

Ocorrem muitos casos de declínio empresarial não pela inexistência de uma boa estratégia, mas porque a implementação deixou a desejar, ou seja, as operações não reforçaram a estratégia, houve uma ruptura. Os responsáveis pela condução deixaram-se seduzir pela tentação de mostrar lucros no prazo curto, relegando a segundo plano atividades importantes para a sustentação de suas vantagens competitivas. Outros não viram a necessidade de manter uma estratégia clara para toda a equipe ou quiseram atender todo tipo de cliente, criando lacunas entre as atividades da empresa. Outros, ainda, deixaram de fazer *trade-offs* para não parecerem inflexíveis. A dificuldade e a arte de manter as prioridades estratégicas de longo prazo e ao mesmo tempo atender as questões de curto prazo fazem parte do trabalho dos administradores de empresa.

Competir em muitas frentes enfraquece a estratégia e o foco da organização, além de confundir os clientes. Muitas vezes, a atração pelo crescimento acaba com a *singularidade* conquistada a duras penas. Infelizmente, isso ocorre com frequência. E as atividades que não encaixam ficam drenando energia em outras direções.

O papel do administrador que assume a responsabilidade pela gestão de um negócio é avaliar até que ponto a estratégia precisa ou não ser reformulada. As organizações já consagradas têm suas próprias estratégias desenvolvidas e aprimoradas ao longo do tempo. Se a empresa vem obtendo níveis de rentabilidade acima do setor, e além disso vem conseguindo crescer nos mesmos níveis que os concorrentes ou em percentuais superiores, não será necessário pensar em mudanças estratégicas, mas apenas em promover ações para fortalecer as fontes de vantagem competitiva ou, ainda, para criar novas fontes.

Caso, no entanto, a empresa não venha obtendo resultados aceitáveis ou esteja operando no prejuízo, é necessário descobrir onde está o problema – se na estratégia ou na implementação. É comum haver estratégia apropriada, porém obscurecida por um relaxamento na execução. Por exemplo, se a empresa estava utilizando estratégia de liderança de custos, mas negligenciou sua imagem e o posicionamento de seus produtos, pode

ESTRATÉGIA

ficar no vermelho apesar de haver começado com uma boa ideia. Da mesma forma, se a empresa vinha adotando uma estratégia de diferenciação de produtos, de imagem e de marca, mas por descuido acabou descontrolando-se na gestão dos custos, pode ter resultados insatisfatórios. Nessas situações, cabe ao gestor agir para corrigir os problemas detectados e manter a estratégia básica para competir.

Na realidade, são poucos os casos de estratégia equivocada. O que ocorre, eventualmente, é a estratégia sofrer desgaste, quer porque muitos concorrentes conseguiram copiá-la, quer porque as fontes de vantagem competitiva se enfraqueceram ao longo do tempo. Constatado o desgaste da estratégia, a equipe toda precisa discutir novos rumos. Trata-se de um processo longo e complexo, que merece muita reflexão e cuidado, pois pode trazer mudanças profundas em toda a operação.

Mesmo em momentos de bons lucros, o líder deve lembrar aos demais qual estratégia está sendo seguida, bem como a que mudanças da indústria será preciso reagir. Sempre haverá a tentação de imitar os concorrentes. Uma das tarefas do líder é justamente ensinar sobre estratégia, e isso exige disciplina e comunicação constante com todos os liderados. Estas questões estratégicas devem estar sempre entre as suas preocupações: Que vantagens competitivas podemos desenvolver? Como elas nos permitirão obter a preferência dos clientes? Qual a rentabilidade de nossa empresa comparada com a dos concorrentes?

É crucial entender a estratégia e aprimorar as fontes de vantagem competitiva para que a empresa se torne mais forte e tenha foco nas atividades que realmente agreguem valor, de forma que os clientes se disponham a pagar um certo montante pelo produto oferecido.

A empresa cria valor por meio das *atividades de valor*, que são classificadas em *primárias* (logística interna, operações, logística externa, marketing e vendas e serviço) e *de apoio* (infraestrutura, gerência de recursos humanos, desenvolvimento de tecnologia e aquisição). Estratégia é a criação de uma posição única a partir desse conjunto de atividades. É justamente a compatibilidade – a ausência de lacunas nas atividades de valor – que permite sua execução com o menor custo ou com maior qualidade do que os outros componentes da indústria.

Há três ordens de compatibilidade (ou *fit*, como vimos): consistência entre as atividades e a estratégia genérica (primeira ordem); reforço mútuo entre as atividades (segunda ordem); otimização do esforço, eliminação de redundâncias e redução de desperdícios pela troca constante de informações (terceira ordem).

Quanto mais uma empresa contar com o *fit* de segunda e terceira ordens, menor a probabilidade de que seja imitada. Os competidores podem aproximar um ou outro produto, mas dificilmente conseguirão reproduzir todo um rol de atividades fortemente integradas. Uma atividade sequer que esteja com performance ruim prejudica a consistência da cadeia toda, tornando-a mais vulnerável a cópias.

O *fit* cria pressão e incentiva o aumento da efetividade operacional. O concorrente terá que optar entre procurar outra estratégia ou posicionar-se como o segundo da indústria.

Uma posição estratégica deve ter um horizonte de longo prazo (uma década ou mais, sugere Porter). Não se refere a um único ciclo de planejamento. A continuidade estimula melhoria nas atividades individuais e as atividades de valor vão se combinando cada vez mais. Como resultado, a empresa desenvolve capacitações e habilidades únicas, talhadas na estratégia. A continuidade reforça a identidade. Como resumiu Michael Porter, "*Strategy is creating fit among a company's activities*" (Estratégia é criar compatibilidade entre as atividades de uma companhia)[1].

Diferenças setoriais costumam ser marcantes e estáveis. Dentro de cada mercado existem características que compõem uma configuração própria e podem ser evidentes para todos os concorrentes daquela indústria. Para desenvolver uma boa estratégia, os dirigentes devem pesquisar em profundidade, analisando os fatores que determinam cada uma das cinco forças. Uma vez definida a estratégia, é importante que ela seja formulada de maneira simples para ser bem compreendida e seguida em todos os níveis da empresa. Dessa forma, as políticas e ações dos diversos departamentos podem ser coordenadas e dirigidas para um conjunto comum e integrado de metas. As diversas atividades, assim, passam a acontecer em total sintonia com a estratégia competitiva escolhida.

5.5   FONTES DE VANTAGEM COMPETITIVA

As vantagens competitivas sustentáveis são os pilares da estratégia da empresa e podem ser obtidas de diferentes fontes, além daquelas destacadas por Porter. Diversos autores identificaram fontes de vantagem competitiva sustentável, descritas a seguir[2].

1 – Economia de escala – São ganhos decorrentes do volume que podem ocorrer na produção, na pesquisa, no marketing e na distribuição (PORTER; GHEMAWAT; CHANDLER; BARNEY).

2 – Efeitos da experiência – São baseados no porte ou tamanho ao longo do tempo e permitem às empresas estar sempre na dianteira do mercado (GHEMAWAT; BARNEY).

3 – Economias de escopo – São derivadas de mercados inter-relacionados. Ocorrem quando uma vantagem competitiva sustentável que a empresa detém em um mercado pode ser usada em outro segmento. Dependem da capacidade da empresa de partilhar recursos entre as unidades sem alterar o custo (GHEMAWAT; CHANDLER).

---

[1]   PORTER, Michael E. What is strategy? *Harvard Business Review*. Boston, Nov./Dec. 1996.
[2]   As referências bibliográficas estão dispostas no final do capítulo.

4 – Marca reconhecida – Decorre de investimentos feitos na marca, que levam à identificação e preferência dos clientes (PORTER; ANSOFF).

5 – Produto diferenciado – É obtido por meio do lançamento de produtos diferentes daqueles oferecidos pela concorrência, que atendem demandas específicas de segmentos de clientes (PORTER; ANSOFF; BARNEY).

6 – Vantagens de custos independentes do porte – São vantagens que podem vir de acesso privilegiado a matérias-primas, de tecnologia proprietária, de subsídios, de localização favorável ou de ativos adquiridos em condições mais favoráveis no passado (PORTER).

7 – *Know-how* – Tecnologia desenvolvida pela empresa, que pode ser mantida em segredo ou protegida (GHEMAWAT; PORTER).

8 – Política governamental – Existe quando a empresa é protegida por limitações legais em função de problemas ambientais, uso de matérias-primas da natureza, requisitos de licenças ou de segurança (PORTER).

9 – Acesso privilegiado a insumos – Ocorre quando o fornecimento é limitado, a empresa possui o direito de uso ou quando este é conseguido por integração vertical (GHEMAWAT, PORTER; BARNEY).

10 – Acesso privilegiado a mercados – Baseia-se em mecanismos autoimpostos, como reputação, relacionamento, custos agrupados e complementaridade de produtos (GHEMAWAT).

11 – Compreensão da real necessidade do cliente – É decorrente do estudo profundo dos gostos e necessidades dos potenciais compradores. Com base nisso, é possível desenvolver o produto adequado. O objetivo é não seguir os concorrentes apenas, mas, se possível, estar à frente. Assim se pode ganhar a batalha sem o confronto (OHMAE).

12 – Opção de defesa – Existe quando o concorrente está restrito por investimentos feitos no passado, os quais precisam ser protegidos (GHEMAWAT).

13 – Necessidade de capital – Ocorre quando são necessários altos investimentos para entrar no negócio, protegendo e privilegiando a empresa que detém o capital e já fez os investimentos (PORTER).

14 – Acesso privilegiado ao canal de distribuição – Ocorre quando novos concorrentes têm dificuldade para entrar no canal de distribuição tradicional (Porter).

15 – Competência essencial para inovação – Ocorre quando a empresa, mediante inovação, desenvolve uma capacidade para embutir nos produtos uma funcionalidade irresistível (HAMEL; PRAHALAD).

16 – Competência essencial para criar novos produtos – Acontece quando a empresa desenvolve uma competência para criar produtos de que os clientes necessitam, mas não imaginam (HAMEL; PRAHALAD).

17 – Caráter da organização – As empresas podem desenvolver uma capacidade distintiva e, dessa forma, obter uma vantagem competitiva por meio da personificação dos valores na estrutura (SELZNICK).

18 – Tecnologia de serviços – É alcançada quando a empresa concentra suas energias em atividades que possam criar valor único para os clientes, naquelas que ela precisa controlar para manter a supremacia nos elementos críticos de sua cadeia de valores. Em razão do atual nivelamento da produção (tudo está ficando muito parecido no mercado), a empresa deve identificar as poucas atividades de serviços que significarão sua capacitação única, devendo terceirizar o restante (QUINN; DOORLEY; PAQUETE).

19 – Alianças estratégicas – São obtidas por meio de alianças que podem reduzir custos de distribuição e levar a uma melhoria dos serviços aos clientes (BOWERSOX).

20 – Desenvolvimento da logística do empreendimento gerencial – É conseguida se a empresa investir antes de seus concorrentes, de forma estruturada, para gerar economias de escala, economias de escopo, fluxos constantes de produção, além de criar organizações de marketing e recrutar e manter o corpo gerencial (CHANDLER).

21 – Capacidade geral de fabricação superior – É decorrente da capacidade de superar os concorrentes em tecnologia, credibilidade, influência para a produção, ênfase nas atividades estruturais e planejamento a longo prazo (WHEELWRIGHT; HAYES).

22 – Capital intelectual – Resulta do gerenciamento das atividades de conhecimento de modo a aumentar o valor dos produtos e serviços para os clientes (MOURITSEN, BUKL, JOHANSEN; SANDERSON).

23 – Tempo – O gerenciamento do tempo é necessário para melhorar os processos da empresa, de modo a se reduzir o prazo de lançamento de novos produtos, de gestão das vendas e de distribuição (STALK; HOUT).

24 – Marketing virtual – Surge a partir da gestão adequada do relacionamento com os clientes pela internet (JOHNSON; BUSBIN).

25 – Integração vertical – É decorrente do número de atividades que a empresa desenvolve, vinculadas diretamente à sua cadeia de produto ou serviço; quanto maior esse número, maior o nível de integração. A vantagem competitiva ocorre quando é possível obter custos agregados menores e quando a empresa fica menos vulnerável frente a comportamentos oportunistas que possam ocorrer durante os processos de produção e comercialização (BARNEY).

ESTRATÉGIA

26 – Flexibilidade – Vem da possibilidade de a empresa se adaptar a oportunidades ou ameaças do ambiente competitivo (crescer, reduzir, fechar ou reiniciar atividades) (BARNEY).

5.6 CRITÉRIOS DE AVALIAÇÃO DA VANTAGEM COMPETITIVA

A vantagem competitiva pode ser sustentável ou não, isto é, pode ou não ser duradoura e resistente aos ataques da concorrência, o que é possível avaliar por meio de alguns tópicos observáveis. Há, segundo o professor Jay B. Barney, quatro questões básicas para julgar se os recursos e capacitações são fontes de vantagem competitiva sustentável: (1) *valor* – os recursos e capacitações agregam valores que permitem explorar as oportunidades e neutralizar as ameaças?; (2) *raridade* – os recursos e capacitações são exclusivos da empresa ou outros competidores também os possuem? Para um atributo ser considerado raro, é preciso que seja exclusivo da empresa, pelo menos por algum tempo; (3) *imitabilidade* – é alto ou desvantajoso o custo ou investimento que o concorrente precisa aportar para obter o mesmo recurso ou capacitação?; (4) *organização* – a organização da empresa, formada pelos seus sistemas de controle, de informações e pelas suas políticas de compensação, permite-lhe explorar estrategicamente o potencial de seus recursos e capacitações?

Recursos e capacitações incluem os recursos financeiros, físicos, humanos e os ativos da organização usados para desenvolver produtos e serviços para seus clientes. A criação de vantagens competitivas sustentáveis depende da forma única pela qual eles se combinam.

A sustentabilidade de uma vantagem, para Porter, dependerá da sua resistência ao comportamento da concorrência e à evolução da indústria. Para isso, a empresa deve desenvolver barreiras que dificultem a imitação da sua estratégia, mediante investimentos permanentes na melhoria de sua posição, de forma que ela se torne um alvo móvel e difícil de ser copiado. Na prática, a vantagem competitiva é mais sustentável quanto mais o posicionamento estratégico se apoiar em cadeias de valores otimizadas e reforçadas.

5.7 ESTRATÉGIA E ESTRUTURA

Os diversos autores utilizam termos diferentes e chegam basicamente à mesma conclusão de que é impossível dissociar a posição competitiva das habilidades internas que formam as competências de uma empresa. Quando entra em xeque a estrutura de uma companhia, nos processos de mudança, discutem-se igualmente sua cadeia de valores e sua estratégia. Não há como separar uma coisa da outra. As atividades da empresa formam a ponte entre os recursos e sua posição no mercado.

Com uma visão baseada no futuro, Prahalad e Hamel salientam o peso do aprendizado coletivo desenvolvido na coordenação das diversas habilidades de produção e integração das tecnologias. Quando ainda não se utilizava a expressão *core competence*, na

GESTÃO ESTRATÉGICA DE MUDANÇAS CORPORATIVAS

década de 1960, Alfred Chandler[3] analisou como algumas empresas norte-americanas definiram suas estratégias e como esse processo interagiu com as estruturas organizacionais. O autor cita, por exemplo, o caso da DuPont, que reviu sua estratégia de atuação, buscando maior agilidade e descentralização. Ele analisou como uma estrutura com menos níveis e mais descentralizada aumentou o poder dos gerentes e acabou encorajando-os a tomar decisões sobre novos mercados e produtos, as quais teriam sido muito difíceis de ser tomadas e implementadas na estrutura anterior.

Em relação à interação entre estrutura e estratégia, ou seja, em que medida uma vem antes da outra, ou ainda como e quando uma variável interfere na outra, o próprio Chandler, que iniciou essa discussão, não tinha clareza sobre o tema. Ele destacava que era apenas uma questão de cronologia, tanto que o título do seu livro *Strategy and structure* originalmente era invertido e, por solicitação do editor, foi alterado.

De fato, o que se observa é um processo interativo em que uma variável interfere na outra, como no exemplo da DuPont, em que uma alteração da estrutura influenciou a estratégia. Em geral, pode-se assegurar que os novos negócios sempre são iniciados com um *business plan* que contempla todas as definições estratégicas a serem seguidas e em função dele se monta uma estrutura organizacional. Nesse caso, a cronologia claramente foi primeiro a definição estratégica e depois – e em função dela – se definiu a estrutura. Um outro exemplo em que primeiro é preciso definir a estratégia para depois montar a estrutura ocorre quando uma empresa de confecção é implantada com a estratégia de diferenciação – isso implica contratar estilistas de primeira linha, comprar tecidos caros e máquinas sofisticadas. Serão necessários profissionais altamente gabaritados, que visitem os grandes centros de moda e conheçam profundamente as tendências dessa indústria. Em um segundo passo, a estrutura poderá melhorar e redefinir a estratégia.

No entanto, negócios já em funcionamento apresentam a todo o momento discussões sobre estrutura e estratégia ou o inverso, formando um processo circular, como destacaram Fleury e Fleury[4]. Por exemplo, a decisão estratégica de entrar em um novo mercado leva naturalmente a uma discussão sobre qual estrutura será necessária. Da mesma forma, pode-se decidir alterar uma estrutura organizacional de uma divisão que não está dando os resultados esperados e, como decorrência dessa ação, alterar também a estratégia.

A cultura organizacional é o amálgama que une as peças da organização em torno de suas crenças e seus valores. A estratégia também acaba impregnando a cultura. Quando

---

[3]   CHANDLER, Alfred. *Strategy and structure*: chapters in the history of the american industrial enterprise. Massachusetts: Library of Congress Cataloguin-in-Publication, 1969.

[4]   FLEURY, Afonso; FLEURY, Maria Tereza Leme. *Estratégias empresariais e formação de competências*: um quebra-cabeça caleidoscópico da indústria brasileira. 2. ed. São Paulo: Atlas, 2001.

ESTRATÉGIA

a área de RH está alinhada com a estratégia da empresa, seu gestor a entende e trabalha no sentido de contratar ou treinar pessoas alinhadas a ela.

5.8 ESTRATÉGIA NO MUNDO DO BIT

As considerações sobre gerir negócios na nova economia, feitas no Capítulo 2, apontaram para a ocorrência de profundas mudanças na competição e na administração. No novo mundo do bit, as mudanças são mais frequentes, impulsionadas pela internet e pela globalização, e sobrevivem as empresas bem estruturadas e, ao mesmo tempo, desburocratizadas e ágeis. Flexibilidade com consistência é um atributo essencial das organizações de sucesso no mundo à beira do caos.

As cinco forças da indústria são uma realidade tanto em ambientes estáveis quanto nos mercados altamente cambiantes. Para atingir o objetivo de obter lucro com sua atividade, qualquer que seja ela, uma empresa tem que escolher uma posição estratégica e nutrir sua cadeia de valores. É necessário construir e aperfeiçoar continuamente as competências essenciais e ter visão de futuro.

Nas indústrias em que as mudanças são mais rápidas e imprevisíveis, as vantagens competitivas são provisórias, nem sempre se reconhece quem é o concorrente, o poder de barganha de clientes e fornecedores pode ser total em um dia e nulo no dia seguinte, novos produtos e novos negócios surgem e desaparecem a todo momento, grandes sucessos de venda têm duração curta, negócios portentosos somem sem deixar rastro.

Sobrevivem as empresas com habilidade para mudar na direção certa. O compasso, à beira do caos, é de constante reavaliação interna e externa. Deve-se verificar sempre se a estratégia e, por decorrência, toda a estrutura permanecem adequadas ao ambiente. Não cabe rigidez. A força motriz da performance é a reinvenção contínua.

REFERÊNCIAS

ANSOFF, H. Igor. *A nova estratégia empresarial.* São Paulo: Atlas, 1990.

BARNEY, Jay B. *gaining and sustaining competitive advantage.* New Jersey: Education, 2002.

BOWERSOX, Donald J. Os benefícios estratégicos das alianças logísticas. *Harvard Business Review,* jul./ago. 1990.

BROWN, Shona L.; EISENHARDT, Kathleen M. *Competing on the edge:* strategy as structured chaos. Massachusetts: Harvard Business School Press, 1998.

CHANDLER, Alfred. *Strategy and structure:* chapters in the history of the american industrial enterprise. Massachusetts: Library of Congress Cataloguing-in-Publication, 1969.

CHANDLER, Alfred. A lógica duradoura do sucesso industrial. *Harvard Business Review,* mar./abr. 1990.

FLEURY, Afonso; FLEURY, Maria Tereza Leme. *Estratégias empresariais e formação de competências:* um quebra-cabeça caleidoscópico da indústria brasileira. 2. ed. São Paulo: Atlas, 2001.

GHEMAWAT, Pankaj. Vantagem sustentável. *Harvard Business Review,* set./out. 1986.

GHEMAWAT, Pankaj. *Strategy and the business landscape.* Massachusetts: Library of Congress Cataloguing-in-Publication, 1999.

GHEMAWAT, Pankaj. *A estratégia e o cenário dos negócios:* textos e casos. Porto Alegre: Bookman, 2000.

HAMEL, Gary; PRAHALAD, C. K. *Competing for the future.* Massachusetts: Harvard Business School Press, 1995.

HAMEL, Gary; PRAHALAD, C. K. A competência essencial da corporação. *Harvard Business Review,* maio/jun. 1990.

JOHNSON, J. T.; BUSBIN, J. W. The evolution of competitive advantage: has virtual marketing replaced time-based competition? *Competitiveness Review,* Indiana, 2000.

KAPLAN, Robert S.; NORTON, David P. Como dominar o sistema de gestão. *Harvard Business Review.* Boston, jan. 2008.

LAZARINI, L. C. *Vantagem competitiva e fidelização do cliente na área de saúde.* 2004. Dissertação (Mestrado em Administração de Empresas) – Universidade Presbiteriana Mackenzie, São Paulo, 2004.

MONTGOMERY, C. A.; PORTER, M. E. *Estratégia:* a busca da vantagem competitiva. Rio de Janeiro: Campus, 1998.

MOURITSEN, J.; BUKL J. N.; JOHANSEN, M. R. Developing and managing knowledge through intellectual capital statements. *Journal of Intellectual Capital,* Bradford, 2002. v. 3.

OHMAE, Keinishi. Voltando à estratégia. *Harvard Business Review,* nov./dez. 1988.

PORTER, Michael E. *Competitive strategy.* New York: The Free Press, 1980.

PORTER, Michael E. *Competitive advantage:* creating and sustaining superior performance. New York: The Free Press, 1985.

PORTER, Michael E. What is strategy? *Harvard Business Review.* Boston, Nov./Dec. 1996.

QUINN, James Brian; DOORLEY, Thomas L.; PAQUETE, Penny C. Além de produtos: estratégia baseada em serviços. *Harvard Business Review.* Boston, mar./abr. 1990.

SANDERSON, Stuart M. *New approaches to strategy; new ways of thinking for the millennium management decision.* London, 1998. Disponível em: <http://proquest.umi.com/pqdweb>. Acesso em: jun. 2003.

SELZNICK, Philip. *A liderança na administração:* uma interpretação sociológica. Rio de Janeiro: FGV, 1971.

STALK, G. J.; HOUT, T. M. Tempo: a próxima fonte de vantagem competitiva. *Harvard Business Review.* Boston, jul./ago. 1988.

STALK, G. J.; HOUT, T. M. *Competing against time:* how time-based competition is reshaping global markets. New York: The Free Press, 1998.

WHEELWRIGHT, Steven C.; HAYES, Robert H. Competindo através da fabricação. *Harvard Business Review.* Boston, jan./fev. 1985.

CAPÍTULO 6

FINANÇAS

É MELHOR ESTAR APROXIMADAMENTE CERTO DO QUE PRECISAMENTE ERRADO.
(Warren Buffet, 1930)

6.1 CONCEITOS BÁSICOS DE ECONOMIA

As empresas estão inseridas em ambientes econômicos que apresentam mudanças cada vez mais frequentes provocadas por variáveis econômicas nacionais e internacionais. Com a globalização, a economia mundial, sobretudo nos mercados financeiros, está completamente conectada e integrada. Qualquer fenômeno importante no sistema bancário da Ásia, por exemplo, repercute imediatamente na economia norte-americana, europeia e latino-americana. No mundo atual, é impossível para o administrador de qualquer setor empresarial, em empresas pequenas, grandes ou médias, conseguir sobreviver em um ambiente tão complexo e competitivo sem um conhecimento básico da teoria econômica.

A seguir são apresentadas algumas variáveis da economia cujo conhecimento se torna relevante para o administrador de empresas.

6.1.1 MACROECONOMIA

PEQUENO HISTÓRICO

Desde o surgimento dos primeiros teóricos de economia, como Adam Smith, com os conceitos de equilíbrio natural do mercado, mão invisível e liberalismo, passando pelos monetaristas como Keynes, para quem o Estado deve intervir de forma a influenciar a economia, até o neoliberalismo, as visões macroeconômicas são alvo de intensos debates e recebem modificações ao longo do tempo, atreladas à vida político-social das nações.

A história reconhece no escocês Adam Smith (1723-1790) o construtor dos alicerces da economia clássica, que defendia a manutenção da ordem econômica por meio da liberdade individual e da livre concorrência, sem interferência do Estado. Essa visão econômica imperou até a segunda metade do século XIX, quando as muitas crises de superprodução abalaram a crença em um ajustamento automático entre oferta e procura. Na primeira metade do século XX, o economista inglês John Maynard Keynes, ante a necessidade de recuperar os países envolvidos na Grande Depressão, realizou uma revolução no pensamento, propondo o intervencionismo moderado do Estado na economia. Keynes defendeu que o Estado participasse compensando o declínio dos investimentos privados nos períodos de crise para garantir o reequilíbrio das forças econômicas.

Para muitos, Keynes foi um dos mais importantes economistas da história. Em determinados momentos nos quais a economia de mercado vai bem e há um ciclo virtuoso de crescimento, como o que vinha ocorrendo no início do século XXI, antes da crise financeira global, as teorias de Keynes são esquecidas e criticadas, mas quando ocorre qualquer abalo nesse equilíbrio, como em 2008 com a crise no mercado imobiliário norte-americano que afeta todo o mundo, as teorias de Keynes voltam à baila e suas ideias são de repente ressuscitadas e passam a fazer parte do dia a dia dos bancos centrais dos diversos países.

NEOLIBERALISMO

As políticas econômicas com ênfase no livre mercado, que vêm sendo adotadas pela maioria dos países, são chamadas de neoliberalismo. Nele, os governos procuram controlar a taxa de juros, a inflação e o déficit fiscal, entendendo que isso é suficiente para balizar todas as demais variáveis econômicas. A tendência neoliberalista foi fortalecida no final dos anos 1980 pelos governos de Ronald Reagan, dos Estados Unidos, e Margaret Thatcher, da Inglaterra. Um encontro de economistas latino-americanos com representantes do Fundo Monetário Internacional (FMI), do Banco Interamericano de Desenvolvimento (BID), do Banco Mundial e do governo norte-americano produziu um documento que ficou conhecido como Consenso de Washington. Em síntese, o Consenso sugeria aos países endividados que permitissem a livre concorrência, apenas disciplinando alguns agentes econômicos e combatendo excessos.

O neoliberalismo já era adotado em diversas regiões, com abertura das economias nacionais, liberalização financeira e comercial, eliminação de barreiras a investimentos estrangeiros, estabilização econômica por meio de disciplina fiscal, reforma tributária, estabilidade da taxa de câmbio e redirecionamento dos gastos públicos. O Estado passava a dar prioridade à saúde, à educação e à infraestrutura, diminuindo seu papel no jogo econômico para permitir maior autonomia ao setor privado. Fazem parte do neoliberalismo os programas de privatização e a desregulamentação de preços.

VARIÁVEIS ECONÔMICAS

Taxa de juros, câmbio e inflação são variáveis econômicas interdependentes, que influenciam diretamente o crescimento de um país e o desempenho de suas empresas. Por meio dos bancos centrais, o governo de cada país procura manejar a taxa de juros básica da economia para influenciar a taxa de câmbio e o nível de inflação. Um aumento da taxa de juros, por exemplo, tende a provocar uma restrição e um encarecimento do crédito, o que reduz o consumo, e também pode levar os consumidores a poupar mais, diminuindo, assim, a demanda por bens, e isso pode ajudar no controle da inflação em um dado momento.

Também, dependendo da relação entre a taxa de juros interna e a de outras nações, se ela for atrativa para investidores internacionais, poderá provocar investimentos financeiros externos no país, o que é capaz de afetar a taxa de câmbio, uma vez que a quantidade de moeda estrangeira que entra no país poderá aumentar e, com isso, reduzir a taxa de câmbio. Todavia, uma redução na taxa de juros pode provocar o fenômeno inverso.

Sobre essas variáveis, vale destacar que os juros são estabelecidos considerando-se a inflação, o *spread* que os bancos normalmente necessitam para suas atividades, os impostos incidentes sobre operações financeiras e mais uma taxa de risco, que depende da empresa, do setor e da economia do país. Também exerce forte influência sobre a taxa de juros a demanda por empréstimos – pelo governo, para cobrir déficits; pela iniciativa privada, para novos investimentos ou capital de giro; e pelos consumidores. Portanto, quando há um aumento da demanda por crédito, há uma tendência para aumento das taxas de juros. Em algumas economias em desenvolvimento, nas quais o governo ainda precisa investir muito e não tem controle adequado de seus gastos, os juros sobem além do que seria normalmente necessário em razão da demanda de recursos pelo governo.

Quanto à taxa de câmbio, a formação é extremamente complexa, dependendo da relação entre os custos de produção de cada país. Contudo, essa taxa é influenciada pela situação geral das contas externas do país (resultado do saldo da balança comercial e de serviços, mais os investimentos líquidos produtivos e especulativos), que determinam, em última instância, a oferta e a procura pelas diversas moedas estrangeiras.

A taxa de inflação dos países é determinada pelo aumento médio dos preços a cada período analisado. No entanto, o aumento de preços é função do equilíbrio entre a oferta e a demanda de cada produto ou serviço. Então, para entender a inflação é preciso compreender como a oferta e a demanda de cada setor da economia são afetadas.

A oferta é função dos investimentos feitos pela iniciativa privada e pelo governo, que são normalmente afetados pelo clima geral da economia. Quanto mais estável e organizado o país, com regras setoriais claras e sem interferências erráticas do governo, mais propensos os empresários estarão a investir, aumentando a produção e a oferta e aceitando mais riscos. A demanda depende da renda disponível das pessoas e do governo. Quanto maior a renda disponível, maior será a demanda por bens e serviços, podendo exercer forte pressão em determinados setores e causando aumento de preços e de inflação, consequentemente.

A disponibilidade de renda para consumo pode ser afetada pela taxa de juros, como já mencionado. Quanto maior a taxa de juros, mais os consumidores estarão propensos a poupar e a reduzir o consumo, provocando queda na demanda. Por isso, muitas vezes os governos aumentam os juros como forma de controlar a inflação.

Outras variáveis macroeconômicas importantes são o produto interno bruto (PIB), o investimento, a renda, o consumo, o emprego, nível de utilização da capacidade instalada etc. No escopo deste livro, o importante é destacar que os objetivos da política econômica de todo país compreendem a busca do crescimento, do pleno emprego e do bem-estar da sociedade. Para o administrador, é essencial conhecer como as decisões políticas do governo podem afetar seu negócio e, para isso, ele precisa entender a lógica dessas variáveis, inclusive como elas se inter-relacionam.

6.1.2 MICROECONOMIA

Como foi visto no Capítulo 3, o comportamento das unidades econômicas – consumidores, investidores, trabalhadores, empresas – e seus relacionamentos são os objetos de estudo da microeconomia. Além de descrever como as unidades econômicas interagem e afetam a formação de preço e os custos de produção, a microeconomia ajuda a entender como o aumento na demanda ou na oferta altera o preço de um produto.

Interagir com essas forças é o cotidiano dos administradores. Eles precisam entender, entre outros fatores, o comportamento dos consumidores, as variações nos custos de produção, o peso dos sindicatos nas negociações trabalhistas, as condições de compra de matérias-primas, a quantidade de produtos a serem colocados no mercado, a reação dos concorrentes, as restrições legais para controle ambiental, a tributação, a economia de escala, os efeitos da curva de experiência.

A teoria microeconômica foi desenvolvida com base nas premissas a seguir, que refletem de forma simplificada a realidade dos setores produtivos:

– As decisões das empresas visam a maximizar o lucro.

FINANÇAS

– Em qualquer análise, assume-se que se esteja diante de um mercado perfeito, ou seja, que existam compradores e vendedores em número suficiente para que nenhum agente determine preços de modo individual. A determinação ocorre exclusivamente pela oferta e pela demanda, sem intervenção governamental, sem monopólios e sem cartéis.

– Quando é grande a quantidade disponível de um produto, seu preço cai. Se há escassez em relação à demanda, o preço aumenta. Quando a oferta é excessiva, os produtores disputam os consumidores com táticas como baixar preços ou oferecer outros atrativos, de maneira que mais pessoas se disponham a comprar deles. A continuidade desse jogo leva ao estabelecimento de um preço de equilíbrio.

Mesmo baseada em uma realidade simplificada, a teoria microeconômica contribui com premissas e regras básicas que explicam e preveem fenômenos do mercado, servindo como um bom modelo para a compreensão do ambiente.

CUSTOS FIXOS E CUSTOS VARIÁVEIS

Custos fixos são aqueles que suportam a continuidade da operação, independentemente da quantidade produzida. São custos fixos: depreciação, custos relativos à infraestrutura de apoio, mão de obra indireta, instalações, equipamentos etc. Custos variáveis são aqueles que dependem da quantidade produzida: matéria-prima, energia elétrica, impostos sobre o preço, transporte e mão de obra direta em alguns casos. Denomina-se custo total a soma dos custos fixos mais os custos variáveis.

Toda atividade inicial tem um custo fixo, ou seja, um determinado valor para que a operação comece e se mantenha. A estrutura de custos fixos normalmente é estável para um determinado intervalo de produção. Para a empresa produzir além desse volume, serão necessários novos investimentos, alterando o montante de custos fixos. Os custos fixos são variáveis por unidade, uma vez que eles decrescem com o aumento do volume produzido, e os custos variáveis são fixos por unidade.

ECONOMIA E DESECONOMIA DE ESCALA

Ocorre economia de escala quando a empresa consegue aumentar o volume de produção com um aumento proporcionalmente menor dos custos fixos, gerando, dessa forma, um custo médio menor. Caso o aumento do volume de produção leve a um aumento maior do custo total e, consequentemente, a um custo médio maior, diz-se que há deseconomia de escala.

GESTÃO ESTRATÉGICA DE MUDANÇAS CORPORATIVAS

ECONOMIA DE ESCOPO

Outra forma de aumentar a receita e os lucros sem obrigatoriamente mexer nos preços é a chamada economia de escopo. Ela ocorre quando uma empresa consegue diluir determinados custos entre diversas linhas de produtos ou unidades industriais. Por exemplo: uma corporação tem três fábricas diferentes, cada uma fazendo linhas de produtos independentes. Ainda que cada uma dessas unidades tenha seus próprios custos fixos e variáveis, a corporação pode obter economia de escopo mantendo apenas uma área de P&D (pesquisa e desenvolvimento), uma única área de manutenção para atender as três fábricas, um departamento de recursos humanos, uma área de suprimentos, entre outras que atendam as três unidades. Desse modo, custos relevantes podem ser divididos pelos diversos negócios.

ELASTICIDADES DA OFERTA E DA DEMANDA

De uma forma geral, a *demanda* de um produto depende do seu preço, assim como da renda do consumidor e dos preços de outras mercadorias. Nesse contexto, a *oferta* de um produto também depende do seu preço e dos custos de produção. Por exemplo, se o preço do café aumentar, sua demanda cairá e sua oferta aumentará, até que se encontre um ponto de equilíbrio entre essas duas variáveis.

A elasticidade mede a sensibilidade de uma variável em relação à outra. No caso da demanda, a sua elasticidade é a relação entre a variação da quantidade procurada e a variação do preço.

$$\text{Elasticidade da demanda} = \Delta Q/Q/\Delta P/P = \Delta\%Q/\Delta\%P$$

Em que:

$\Delta Q/Q$ = Variação da quantidade demandada dividida pela quantidade = $\Delta\%Q$

$\Delta P/P$ = Variação do preço dividida pelo preço = $\Delta\%P$

A elasticidade de preço da demanda é geralmente negativa – quando o preço aumenta, a demanda tende a cair. Na fórmula, $\Delta\%Q/\Delta\%P < 0$.

Quando a elasticidade de preço é maior do que 1 em valor absoluto, diz-se que a demanda é elástica ao preço, uma vez que a redução da quantidade demandada é maior do que o aumento do preço (exemplo: o preço aumentou 5% e a demanda caiu 8%). Se o valor for menor do que 1, a demanda é inelástica ao preço, ou seja, a redução da demanda foi menor do que o aumento do preço (exemplo: o preço aumentou 10% e a demanda caiu 4%). Na fórmula, $\Delta\%Q/\Delta\%P > 1$.

FINANÇAS

Quando há dois produtos substitutos próximos, como a manteiga e a margarina, o aumento de um deles fará com que o consumidor compre mais do outro; nesse caso, a demanda é altamente elástica ao preço. Caso não existam substitutos próximos, a demanda tenderá a ser inelástica em relação ao preço. Na fórmula, $\Delta\%Q/\Delta\%P < 1$.

Outra variável importante para se considerar no caso de elasticidade de demanda é o tipo do produto que determinará uma característica mais elástica ao preço no longo prazo do que no curto prazo. Há bens cujo hábito e necessidade de consumo não se alteram significativamente no curto prazo, por exemplo, diversos alimentos. Nesse caso, no curto prazo um aumento no preço não levará a uma redução na demanda imediata, o que poderia ocorrer somente no médio e longo prazo. No entanto, bens de consumo duráveis tendem a ser mais elásticos ao preço no curto prazo, por exemplo, o aumento de preços de automóveis ou eletrodomésticos tenderá a reduzir sua demanda de imediato.

Quanto à elasticidade da oferta, em geral a maioria dos produtos apresenta-se inelástica em relação ao preço no curto prazo, porque as empresas demoram para aumentar significativamente sua capacidade produtiva e, consequentemente, a oferta de seus produtos. Já no longo prazo, a oferta é muito mais elástica em relação ao preço.

6.2 CONTABILIDADE

Comandar uma corporação implica acompanhar seus números por meio da contabilidade. Todas as decisões empresariais – sejam elas sobre investimento, financiamento ou preços – refletem-se nos demonstrativos contábeis. Os mesmos princípios da contabilidade são aplicados em todos os países e servem como critério único e uniforme para avaliar e julgar o desempenho de qualquer empresa do mundo.

O objetivo da contabilidade é prover informações relevantes sobre a situação patrimonial da empresa, sobre seus resultados e demais aspectos financeiros, para que os diversos públicos de interesse (acionistas, administradores, credores, órgãos públicos, fornecedores, clientes e funcionários) possam avaliar a real situação da companhia e tomar decisões fundamentadas.

Os princípios contábeis para a elaboração dos demonstrativos foram tratados de maneira estruturada pela primeira vez pelo frade Luca Pacioli, em Veneza, no ano de 1494, embora existam registros de outras iniciativas desde 1202. O trabalho do frade inaugurou a escola italiana, que deu o formato moderno ao milenar ato de contar e registrar, sendo suplantada somente na primeira metade do século XX pelos norte-americanos, que, após a Grande Depressão, investiram intensos esforços em pesquisa e aprimoramento da contabilidade. Os princípios contábeis estão dispostos a seguir.

CONTINUIDADE

Considera-se que as organizações estejam sempre em andamento, ou seja, o valor dos ativos está relacionado ao potencial de geração futura, e não ao valor de venda da companhia.

COMPETÊNCIA

O reconhecimento das receitas e das despesas deve seguir uma lógica única, no momento de sua realização, bem como precisa ser simultâneo quando se relacionarem.

UNIFORMIDADE OU CONSISTÊNCIA

Os mesmos critérios devem ser utilizados ao longo dos anos.

CONSERVADORISMO OU PRUDÊNCIA

A empresa deve adotar uma postura conservadora no reconhecimento de suas receitas, despesas e de outros riscos da sua atividade; reconhecerá sempre o maior valor para suas obrigações e o menor para seus ativos; o custo será sempre usado como base de valor para registro dos ativos e dos insumos.

6.2.1 DEMONSTRATIVOS CONTÁBEIS

Os principais demonstrativos contábeis são: *balanço, demonstrativo de resultados e fluxo de fundos.* Esses demonstrativos são básicos para se avaliar o desempenho das empresas e são exigidos quando elas captam recursos do mercado de capitais ou mesmo de bancos.

BALANÇO

É apurado periodicamente (mensal, trimestral, semestral ou anualmente) e mostra uma fotografia da situação da empresa na data de sua elaboração. Do lado dos ativos, indica o valor do investimento feito pela empresa, e, do lado do passivo, descreve como esses investimentos foram financiados. Em outras palavras, ativo e passivo mostram sempre a mesma ação empresarial, como duas faces da mesma moeda: de um lado, o investimento, e, de outro, como foi financiado.

A análise do balanço permite ao gestor avaliar a evolução patrimonial da empresa, e sua compreensão não depende de conhecimentos profundos de contabilidade ou das normas que foram utilizadas em sua elaboração. É uma informação objetiva e clara sobre a situação da companhia na data de sua elaboração.

FINANÇAS

A melhor maneira de o administrador acompanhar o balanço é fazê-lo de forma comparativa mensal e olhando pelo menos três ou mais exercícios anteriores. De sua análise pode-se entender com bastante precisão o impacto das decisões tomadas ao longo do tempo na posição patrimonial da empresa e como isso afeta o risco do negócio.

DEMONSTRATIVO DE RESULTADOS

Mostra o fluxo de receitas e despesas durante o período de sua apuração (mês, trimestre, semestre ou ano). Além disso, indica as receitas bruta e líquida do período; o lucro bruto, resultado obtido com a venda dos produtos ou serviços, é medido pela receita líquida menos os custos diretos e indiretos de produção; o lucro operacional, por sua vez, é o resultado do lucro bruto menos as despesas administrativas, comerciais e financeiras do negócio; e o lucro líquido é o resultado final do negócio após o imposto de renda.

Da mesma forma que se comentou sobre o balanço, uma análise do histórico do demonstrativo de resultados, comparativa com exercícios anteriores e também com a concorrência, pode enriquecer bastante a análise do gestor, proporcionando um bom entendimento do que está ocorrendo e lhe permitindo tomar decisões importantes para o futuro da empresa.

Os indicadores consagrados são a lucratividade bruta (% do lucro bruto sobre a receita líquida), a lucratividade operacional (% do lucro operacional sobre a receita líquida), a porcentagem do lucro líquido tanto sobre a receita líquida quanto sobre o patrimônio líquido (PL) (rentablidade sobre o PL ou ROE – *return on equity*), e o lucro líquido sobre o ativo total (rentabilidade sobre o investimento, ou ROI – return on investment).

Em relação à lucratividade bruta, há muito que se analisar. Por um lado, ela mede a capacidade técnica de a empresa produzir de forma competitiva seus produtos, e, por outro, a eficiência das equipes de marketing e comercial em valorizar e vender a preços adequados. Como o lucro bruto é a diferença entre a receita líquida e o custo do produto vendido (matérias-primas, mão de obra, insumos e depreciação), ele também indica, do lado da produção, se a empresa está comprando e utilizando bem suas matérias-primas, se sua mão de obra é eficiente e produtiva, e se sua tecnologia está adequada (se os equipamentos proporcionam altos níveis de produtividade, então os custos de depreciação, de manutenção e de mão de obra são competitivos; caso contrário, pode haver problemas de difícil solução).

Do lado comercial, também podem ocorrer problemas caso a empresa não esteja conseguindo valorizar adequadamente seus produtos, ou por falha no marketing, ou, ainda, por exageros desnecessários na política comercial. Uma política comercial inadequada com descontos exagerados afetará negativamente o lucro bruto da empresa.

Por exemplo, se o lucro bruto do setor de embalagens plásticas médio está em 25% da receita líquida e a empresa não consegue atingir tal nível, isso indica que ela está com práticas comerciais falhas ou que não é eficiente no seu processo de produção e suprimentos. Quando se aprofunda a análise e se comparam empresas que produzem os mesmos produtos, essas considerações são mais interessantes. Em tais setores, as tecnologias de produção tendem a ser muito próximas, assim como as matérias-primas, as máquinas e os equipamentos. Dessa forma, nas indústrias mais tradicionais, em que a tecnologia de produção está bastante disseminada, a diferença no lucro bruto dependerá da capacidade de gestão de cada empresa. Um concorrente cuja estratégia comercial leve à valorização dos seus produtos e que, além disso, tenha uma boa gestão da produção e logística obterá lucratividade bruta acima da média do setor.

Em relação ao lucro operacional, da mesma forma, ele pode ser comparado com a média do setor e indicar eficiência ou ineficiência da empresa. Nesse caso, o valor é obtido abatendo-se do lucro bruto as despesas administrativas, comerciais e financeiras. Pode-se comparar cada item de despesa que está impactando o lucro operacional. Por exemplo, se as despesas comerciais médias do setor representam 8% sobre a receita líquida, como está o valor dessa despesa na empresa? Qualquer variação precisa ser explicada – ou é excesso de pessoal, ou de comissões, ou de despesas com marketing, ou, ainda, problema de logística.

Quanto às despesas administrativas, se a média do setor é 4%, também eventuais variações merecem análise mais apurada. Se seu percentual for maior do que o do setor, pode indicar processo de gestão ultrapassado, ou tecnologia da informação ineficiente, ou, simplesmente, gente em excesso. Em relação às despesas financeiras, além de se comparar com a média setorial, deve-se avaliar a situação de endividamento da empresa e a sua estrutura de capital, bem como considerar até que ponto ela (a situação de endividamento) influencia este índice na comparação com outros concorrentes. Também uma política inadequada de gestão do capital de giro, incluindo níveis de estoques e os prazos médios de recebimento das vendas e de pagamento das compras, pode estar causando problemas de caixa e, consequentemente, excesso de despesas financeiras.

O lucro líquido representa a hora da verdade de todo administrador. De nada adiantam uma boa estratégia, uma estrutura excepcional, um bom planejamento, se o resultado final não for aquele desejado pelos acionistas. Ele mostra o resultado final de todo o esforço da organização ao longo de cada ano, é o atestado de qualidade de uma boa gestão. O indicador é o lucro líquido sobre a receita líquida, percentual de lucratividade alcançado ou, ainda, lucro líquido sobre o patrimônio líquido, a rentabilidade do negócio, que é uma medida do retorno obtido pelos acionistas.

FINANÇAS

A lucratividade é fortemente associada ao setor em que a empresa atua, enquanto a rentabilidade depende da estrutura de capital específica de cada companhia. Se a empresa não vem obtendo uma lucratividade adequada, o motivo pode ser políticas comerciais inadequadas ou ineficiência na produção, ou estruturas administrativas e comerciais muito maiores do que o necessário, ou, também, despesas financeiras exageradas em razão do perfil do endividamento e da gestão do capital de giro. Essa avaliação corresponde ao conjunto das análises anteriormente citadas do lucro bruto e do lucro operacional.

Vale destacar que, além dos itens de despesas citados, há o imposto de renda que incide sobre o lucro, influenciando a lucratividade final da empresa. Pode ocorrer, eventualmente, alíquota diferente de imposto de renda, dependendo do planejamento fiscal de cada empresa. Por exemplo, há regiões que podem oferecer incentivos fiscais que levam à redução do imposto, possibilitando um lucro líquido superior ao de outras empresas do setor que não têm o mesmo benefício.

Sobre o acompanhamento de resultados, o gestor precisa ficar atento para os diversos negócios e linhas de produtos da empresa. Uma avaliação permanente do resultado (margem de contribuição, lucro bruto e lucro líquido) de cada item é fundamental para a tomada de decisão. É importante, antes de tudo, considerar o planejamento estratégico (ver Capítulo 7) para subsidiar decisões quanto a negócios e produtos. O estudo do ciclo de vida dos produtos, a Análise BCG e a Matriz GE vistos no Capítulo 4 são ferramentas importantes a serem consideradas antes de qualquer decisão sobre eliminar ou investir em linhas de produtos ou negócios.

FLUXO DE FUNDOS

Trata-se de uma importante peça para análise do desempenho empresarial, uma vez que faz uma conexão entre o demonstrativo de resultados e o balanço, mostrando as origens de recursos operacionais (lucro líquido mais depreciação e amortizações) e não operacionais (venda de ativos, obtenção de empréstimos ou aumento de capital). Também demonstra as aplicações desses mesmos recursos entre investimento em novos ativos, amortização de empréstimos, pagamento de dividendos e aplicações em aumento de capital de giro. O capital de giro pode ser aumentado com: estoques; duplicatas a receber; aumento de prazo médio de vendas ou aumento das vendas; redução de custo com fornecedores; diminuição no prazo médio de compras ou de outros financiamentos de curto prazo.

Uma análise histórica do fluxo de fundos pode indicar a capacidade de a empresa gerar recursos operacionais, se vem aumentando ou diminuindo ao longo do tempo, assim como a forma de aplicação desses recursos em investimentos, capital de giro, no pagamento de dividendos ou de empréstimos de longo prazo, ou em outras operações.

A geração de recursos está diretamente relacionada com a lucratividade da empresa; portanto, pode-se dizer que é um padrão que depende de cada setor de atuação, como já comentado no item demonstrativo de resultados. Uma comparação com outros concorrentes do setor também pode indicar eventuais distorções.

Outra informação importante que se pode extrair da análise do fluxo de fundos é como a empresa aplica seus recursos e a forma que eles são financiados.

Outros demonstrativos e indicadores financeiros utilizados e que podem auxiliar o gestor na análise e tomada de decisão compreendem:

EBITDA

A expressão *earnings before interest, taxes, depreciation and amortization* (EBITDA – Earnings Before Interest Taxes, Depreciation and Amortization) corresponde, em português, a *lucro antes de juros, impostos, depreciação e amortização*, ou LAJIDA. Representa a geração de caixa operacional relativa ao negócio, excluindo-se qualquer ganho ou perda financeira. Pode ser calculado tomando-se o lucro líquido do período e adicionando-se o imposto de renda, as receitas e despesas não operacionais, as receitas e despesas financeiras, a depreciação e a amortização.

Trata-se de um indicador financeiro bastante utilizado por bancos e investidores na análise do desempenho de empresas. Como a geração de recursos decorrente da própria operação é razão direta da eficiência do negócio, o EBITDA pode ser utilizado também para se estabelecer o valor de venda de uma companhia. Diz-se, por exemplo, que determinada empresa vale sete vezes seu EBITDA anual. Se este for de US$ 10 milhões, a empresa valerá US$ 70 milhões menos os empréstimos.

Com o EBITDA, pode-se avaliar o desempenho da empresa, excluindo-se a influência da estrutura de capital (grau de endividamento) e as eventuais interferências decorrentes de planejamento fiscal que podem reduzir o imposto sobre o lucro, permitindo uma compreensão transparente da sua efetiva capacidade de geração de caixa. Ele também possibilita a comparação do desempenho operacional entre diferentes empresas do mesmo setor.

Free EBITDA

Variação do conceito inicial, o *free* EBITDA significa o EBITDA menos os investimentos necessários para a continuação das atividades da empresa no mesmo nível de produção que apresenta. A ideia é orientar o investidor ou acionista em relação à efetiva disponibilidade de recursos gerados ao longo do tempo. Se a companhia precisar investir para manter o nível de suas atividades, significa que o valor do EBITDA não estará disponível plenamente para o acionista ou para algum interessado na compra.

FINANÇAS

EVA

Economic value added (EVA) ou Valor Econômico Agregado indica a porcentagem de retorno sobre o valor investido que o negócio oferece acima do custo de oportunidade sem risco. Tomando-se como exemplo um investimento de R$ 10 milhões em um negócio cujo resultado anual tenha sido de R$ 1,2 milhão, vemos que o rendimento foi de 12%. Aqui não se está falando de lucratividade (valor sobre as vendas), mas de rentabilidade (retorno sobre o capital investido). O EVA desse negócio é 12% menos a porcentagem que o mesmo capital renderia se fosse aplicado no mercado sem risco. Considerando-se 10% como taxa para investimento sem risco, o EVA teria sido de 2%.

Outro exemplo seria o de uma empresa cujo lucro líquido tenha sido R$ 15 milhões no exercício para um patrimônio líquido de R$ 100 milhões; ainda que o custo alternativo do capital fosse de 12%, teríamos:

a) O retorno sobre o PL foi de 15% (rentabilidade = 15.000.000/100.000.000);

b) O EVA foi de 3%, ou seja, (15.000.000 − 12.000.000)/100.000.000.

É fácil constatar que o fato de uma companhia obter lucro não significa obrigatoriamente que tenha boa rentabilidade. No EVA, a medida de desempenho não é dada pelo lucro, mas pela geração efetiva de valor ou pela rentabilidade acima do custo de oportunidade que o acionista teria se aplicasse seus recursos em títulos do mercado livres de risco.

Esse conceito tem sido frequentemente utilizado para avaliar o resultado efetivo de diferentes linhas de produtos ou unidades de negócio com o objetivo de subsidiar gestores e acionistas com informações para direcionar investimentos ou até mesmo desativar partes de seus negócios.

6.2.2 LEI SARBANES-OXLEY

Depois dos grandes escândalos financeiros provocados por empresas norte-americanas, como o caso da Enron, foi criado um instrumento legal para exigir mais rigor por parte dos administradores em relação às informações financeiras distribuídas ao mercado.

Trata-se da Public Company Accounting Reform and Investor Protection Act ou Lei Sarbanes-Oxley, apelidada de Sarbox ou Sox, proposta pelo senador Paul Sarbanes e pelo deputado Michael Gainer Oxley. Com essa norma, à qual estão sujeitas inclusive companhias estrangeiras com ações registradas na Securities and Exchange Commission (SEC dos Estados Unidos, equivalente à CVM – Comissão de Valores Mobiliários do Brasil), tanto as organizações quanto os seus executivos podem ser responsabilizados criminalmente se negligenciarem princípios de ética e de boa governança corporativa. Os infratores incorrem em multas pesadas e podem até ser presos.

GESTÃO ESTRATÉGICA DE MUDANÇAS CORPORATIVAS

Em linhas gerais, a Sarbox exige que os dirigentes e demais profissionais envolvidos conheçam as informações dadas aos investidores e se responsabilizem pela comprovação, precisão e profundidade de tais informações. Ela estabelece procedimentos de transparência financeira, atribuindo deveres específicos para a alta direção da empresa.

Para alguns analistas, a Lei Sarbanes-Oxley, apesar de ter criado salvaguardas contra a contabilidade desonesta nas corporações, resolvendo, assim, graves problemas, não conseguiu mitigar muitos dos males que combate, pois não prevê mecanismos contra os desvios heurísticos. É o que afirma um artigo publicado pela *Harvard Business Review*[1]. Até por causa da proximidade com os clientes, mesmo auditores honestos estão sujeitos a cometer distorções. Apesar de lidar com números e padrões estabelecidos, um contabilista corre risco quanto à ambiguidade (ao atribuir peso às informações e ao definir o que é investimento, rendimento, despesa etc.), ao apego (da empresa de auditoria pelo cliente, do auditor por seu emprego ou pelo crescimento da carteira de clientes) e à necessidade de receber aprovação.

Fatores de risco não satisfatoriamente cobertos pela Sarbox são: familiaridade (é mais fácil prejudicar a quem não se conhece); excesso de otimismo (as consequências mais imediatas eliciam mais responsabilidade do que consequências remotas e improváveis); e escalada (arrumar desculpas para pequenos descuidos das práticas financeiras do cliente e, quando os problemas pequenos se somam ao longo do tempo e formam um grande problema, contemporizar para não expor publicamente os pequenos erros iniciais).

A lei exige que conflitos de interesse sejam revelados aos investidores pelos auditores individuais ou suas empresas. Isso tanto pode inibir desvios quanto permitir que os investidores se ajustem a eles. Seria mais adequado, afirmam os articulistas, prover condições para prevenir os desvios inconscientes, diminuindo no auditor a necessidade de agradar o cliente. A proibição de que empresas de auditoria façam também certos trabalhos de consultoria já é um passo, mas ela deveria ser mais abrangente. Para evitar os desvios inconscientes, os auditores deveriam fazer, com as empresas auditadas, contratos fixos e limitados no tempo, que os tornassem realmente independentes durante esse período. Os honorários e todos os demais detalhes do contrato deveriam ser fixados de início e permanecer imutáveis até o final do contrato. A empresa não poderia recontratar o mesmo auditor após esse período. Assim, as companhias de auditoria teriam clientes rotativos.

A legislação prevê que se mude de auditor, mas não prevê mudança da empresa de auditoria, bem como não previne que um cliente mande embora o auditor. As companhias auditadas deveriam ser proibidas de empregar auditores saídos da empresa que faz sua auditoria (e vice-versa) por, pelo menos, cinco anos, sugere o artigo.

---

[1] BAZERMAN, Max H.; LOEWENSTEIN, George; MOORE, Don A. Why good accountants do bad audits. *Harvard Business Review*. Boston, Nov. 2002.

FINANÇAS

Mesmo no papel de parceiro ou conselheiro, todos correm o risco de errar. Não se podem ignorar os desvios involuntários de avaliação. Auditados e auditores necessitam sempre estudar atentamente suas ações que não deram certo para conhecer melhor seus próprios desvios e evitá-los em oportunidades futuras.

6.3 GESTÃO FINANCEIRA

É responsabilidade do gestor acompanhar, controlar e avaliar a situação financeira da companhia. Isso compreende:

– Elaboração do planejamento anual e do orçamento, incluindo uma projeção dos resultados, do balanço, do fluxo de caixa, dos investimentos, dos financiamentos e dos dividendos.

– Acompanhamento do fluxo de caixa, separando-se a geração operacional das outras atividades (investimentos e financiamentos).

– Avaliação e controle da liquidez geral da companhia, do nível de endividamento e da estrutura de capital.

– Avaliação e acompanhamento dos novos investimentos, da forma de seu financiamento e de seus resultados.

– Controle do resultado e da geração de caixa.

– Avaliação e definição das melhores alternativas de financiamento.

O planejamento inclui discussão a respeito da estratégia da empresa, dos investimentos previstos e do orçamento geral, assuntos que são abordados em detalhes no capítulo seguinte.

Também é de responsabilidade do gestor o estudo de viabilidade dos investimentos propostos, ou seja, a avaliação da taxa de retorno e, além disso, a verificação da disponibilidade de recursos (próprios ou de terceiros) para sua execução. A decisão do gestor deve sempre buscar a maximização do valor da empresa. Dessa forma, os projetos com taxa de retorno maior do que o custo médio de capital da companhia poderão ser aprovados, enquanto os projetos não enquadrados nesse critério precisam ser reavaliados.

6.3.1 FLUXO DE CAIXA

Principal ferramenta do gestor de finanças, o fluxo de caixa permite avaliar de forma clara e objetiva a liquidez da empresa, ou seja, sua capacidade de sobrevivência no curto e médio prazo. É o demonstrativo que merece maior atenção no curto prazo. Sua preparação deve ser feita com projeções diárias para os próximos 30, 60 ou 90 dias, e mensais para os 12 ou 24 meses. Deve indicar as entradas e saídas operacionais, o saldo operacional, os pagamentos de investimentos, as amortizações e captações necessárias, assim como os juros pagos e obtidos com aplicações, mais os saldos iniciais e finais previstos em cada período.

A elaboração do fluxo de caixa depende de um bom sistema de informações que permita integrar as projeções das receitas operacionais (duplicatas a receber e vendas à vista) e das saídas operacionais (sistema de contas a pagar de fornecedores, folha de pagamento e encargos, impostos, despesas diversas, entre outras).

Quanto mais precisa for sua confecção, melhores decisões serão tomadas. Há uma grande diferença entre conhecer um possível déficit de caixa com meses de antecedência e descobrir esse problema na véspera. A antecedência dá ao gestor o tempo necessário para avaliar alternativas, negociar com calma o prazo com os bancos e, sobretudo, demonstra organização, passando confiança para todos os envolvidos. A seguir, um exemplo de fluxo de caixa.

Gestão de tesouraria – fluxo de caixa						
	1	2	3	...	30	Total
1 Entradas operacionais						
Cobrança						
Vendas à vista						
Outras						
Subtotal						
2 Saídas operacionais						
Folha						
Encargos						
Fornecedores						
Impostos						
Utilidades						
Outros						
Subtotal						
3 Saldo operacional (1 – 2)						
4 Investimentos						
5 Financeiro						
Capitação						
Amortização						
Juros devidos						
Juros recebidos						
Outros						
Subtotal						
6 Outras operações						
7 Saldo						
Inicial						
Final (inicial + 3 – 4 ± 5 ± 6)						

FINANÇAS

INDICADORES

A análise de índices com base nos demonstrativos contábeis pode proporcionar excelentes informações para ajudar o administrador no processo decisório. Há três tipos principais de análises que podem ser feitas:

– *Evolução histórica dos índices da própria empresa*

Mediante a comparação de três ou mais exercícios, pode-se avaliar indicadores de gestão, evidenciando-se aspectos positivos e negativos mostrados, analisar tendências de desempenho e prevenir eventuais problemas futuros para a empresa.

– *Comparação com o(s) principal(is) concorrente(s)*

Por meio de uma comparação direta com os concorrentes, o gestor pode avaliar pontos fortes e fracos da sua empresa e questionar aspectos importantes do próprio negócio. Por exemplo, se o lucro bruto da empresa é menor que o do concorrente, qual seria a causa desse desempenho? Pode ser uma política comercial inadequada ou, ainda, problemas de custos de produção, conforme já comentado.

– *Comparação dos índices da empresa com a média do setor*

Neste caso, da mesma forma que no anterior, a análise pode demonstrar diversos aspectos positivos e negativos da empresa, que serão discutidos internamente para se avaliar oportunidades de melhoria ou riscos, por exemplo, um custo financeiro muito alto em razão da estrutura de capital muito alavancada.

Os principais índices que podem ser avaliados com base nos demonstrativos contábeis são:

1) Índices de liquidez

Liquidez Corrente = Ativo Circulante/Passivo Circulante

Mede a capacidade de a empresa pagar seus compromissos de curto prazo.

A liquidez mede o total dos ativos circulantes dividido pelo total de passivos circulantes, ou seja, mostra a situação da empresa em curto prazo. Caso ela esteja com déficit de capital de giro (com liquidez geral menor do que 1) e necessite melhorar sua posição, as alternativas são obter novos recursos por meio do aumento de capital, de financiamentos de longo prazo ou de geração de caixa por meio da retenção de lucros. Qualquer uma dessas alternativas deve ser precedida de análise dos gestores sobre as viabilidades e os custos relativos.

Liquidez Imediata = (Ativo Circulante – Estoques)/Passivo Circulante

Como os estoques são os ativos menos líquidos dentre os ativos circulantes, essa relação mede a capacidade de a empresa pagar suas dívidas de curto prazo sem depender da venda de seus estoques.

2) Índices de administração dos ativos

Giro dos Estoques = Estoques/Custo do Produto Vendido (CPV) Médio Diário do Período

Mede a agilidade da empresa de transformar seus estoques de matérias-primas em produtos acabados e sua respectiva venda.

Giro de Contas a Receber dos clientes ou prazo médio de vendas = Clientes ou Duplicatas a Receber/Vendas Médias Diárias do Período

Mede o tempo médio que a empresa demora para receber suas vendas.

Giro do Ativo Fixo = Receita Líquida/Ativo Fixo

Mede a capacidade de a empresa utilizar plenamente o investimento feito nos seus ativos; quanto maior for o giro, maior será sua utilização e, portanto, seu rendimento.

Giro do Ativo Total = Receita Líquida/Ativo Total

Refere-se ao mesmo conceito aplicado ao total dos ativos da empresa.

– Análise da evolução do Capital de Giro:

- **Giro de Duplicatas a Receber** – medido pelo seu saldo dividido pelas vendas médias diárias do período. Eventuais aumentos do prazo médio de vendas podem causar graves problemas de liquidez para a empresa. O ideal é buscar um equilíbrio entre as decisões comerciais sobre prazo de venda, como forma de aumentar a participação de mercado, e a disponibilidade de recursos para seu financiamento.

- **Giro de Estoques** – medido por seu saldo dividido pelo custo médio diário do produto vendido. Da mesma forma que o aumento de contas a receber, o aumento no nível de estoques implica demanda de recursos e pode afetar a liquidez da empresa. Esse tipo de decisão deve ser precedido de uma avaliação das condições da empresa para bancar seu impacto, além de uma avaliação por parte do gestor da produção sobre os benefícios da medida.

- **Giro de Contas a Pagar** para fornecedores – medido pelo seu saldo dividido pelo custo médio das matérias-primas que compuseram o CPV do período. Nesse caso, um aumento do prazo médio de pagamento de fornecedores pode ser uma excelente fonte de financiamento de curto prazo, desde que os juros embutidos em tais prazos sejam iguais ou inferiores aos custos de captação da empresa.

FINANÇAS

3) Índices de endividamento

Endividamento Total = Recursos de Terceiros/Ativo Total

Recursos de Terceiros inclui o Passivo Circulante mais o Exigível de Longo Prazo.

Cobertura de Juros = LAJIR/Despesas Financeiras Líquidas

Mede a capacidade de a empresa pagar seus compromissos relativos a juros sobre empréstimos.

Em relação a endividamento e estrutura de capital, que indicam como a empresa pretende financiar seus investimentos em capital de giro e ativos fixos, é fundamental haver uma diretriz claramente aprovada pelo conselho de acionistas sobre a relação aceitável entre capital próprio e recursos de terceiros, uma vez que, dependendo dessa proporção, o risco pode fugir do controle e afetar a continuidade da empresa.

As principais decisões que devem ser analisadas sobre alternativas de financiamento e estrutura de capital são:

–   Nível máximo de endividamento – pode ser medido pela proporção de capital de terceiros sobre o ativo total. Dependendo da disponibilidade de crédito e dos custos financeiros do país, essa relação pode chegar a até 60% ou 70%. Em países com restrições de crédito, o ideal é atuar com 40% a 50%.

–   Em relação aos recursos próprios, o conselho de acionistas também deve avaliar a alternativa do mercado de capitais, caso a empresa tenha ações na bolsa ou pretenda lançar ações e abrir seu capital. Essa decisão cabe aos acionistas.

–   Da mesma forma, a política de dividendos precisa ser definida pelo conselho de acionistas, que deverá considerar aspectos legais e aspectos relativos à tradição da empresa, entre outros. Anualmente, essa política é discutida e procura-se fixar uma diretriz que equilibre os interesses de curto prazo dos acionistas e a maximização do valor da empresa. Caso haja projetos de investimentos cuja taxa de retorno seja superior ao custo de capital, eventualmente pode-se decidir por reduzir o montante de dividendos visando à destinação de recursos para suportar os projetos propostos.

–   Sobre o capital de terceiros, além dos empréstimos bancários, há aqueles inerentes ao ciclo operacional do próprio negócio, como financiamento dos fornecedores, de impostos, de folha de pagamentos e de outras formas próprias a cada setor. Em relação à captação de empréstimos, cabe aos gestores financeiros buscar as melhores alternativas entre curto e longo prazo, bem como no que diz respeito a seus custos e garantias exigidas. De uma maneira geral, deve-se observar o adequado casamento entre a maturidade do investimento e o tipo de financiamento. Por exemplo, se a empresa estiver investindo em uma nova unidade industrial, cujo *payback* esteja previsto para o terceiro ano, então o ideal é que o financiamento tenha pelo menos três anos de carência.

4) Índices de desempenho

Lucratividade Bruta = **Margem Bruta** = % Lucro bruto/Receita Líquida

Lucratividade Operacional = **Margem Operacional** = % Lucro Operacional/Receita Líquida

Lucratividade = % Lucro Líquido/Receita Líquida

Rentabilidade = **ROE** (*return on equity*) = % Lucro Líquido/Patrimônio Líquido

Rentabilidade sobre o Ativo = **ROA** (*return on assets*) = % Lucro Líquido/Ativo Total

5) Índices de valor de mercado

P/L = Preço/Lucro = Preço da Ação/Lucro por Ação

É um dos mais importantes índices de desempenho da empresa no mercado de capitais. Dá uma ideia do *payback* do investimento, ou seja, em quantos anos a empresa gera lucros equivalentes a seu preço de mercado. Também reflete o processo de precificação realizado no mercado de ações e tem forte relação com o custo de oportunidade dos investidores. Por exemplo, se o custo de oportunidade para uma aplicação sem risco for de 10% ao ano, isso indica que o P/L sem risco é de 10 anos, portanto, para uma aplicação em ações que representam riscos, será exigido um P/L menor do que 10.

Valor Patrimonial da Ação = Patrimônio Líquido/Quantidade de Ações

Valor de Mercado/Valor Patrimonial = Preço da Ação/Valor Patrimonial da Ação

MARGEM DE CONTRIBUIÇÃO E PONTO DE EQUILÍBRIO

A margem de contribuição corresponde à diferença entre o preço líquido de vendas e os custos e despesas variáveis (matéria-prima, comissões, fretes, serviços atrelados ao volume produzido).

Em uma estrutura contábil rígida, baseada no rateio de custos fixos, o administrador tem dificuldade para ver com clareza as diferentes fontes de lucro. Com base na margem de contribuição, ele obtém informações precisas sobre o desempenho econômico de cada linha de produto. Utilizando-se o conceito de margem de contribuição, o administrador pode tomar decisões importantes, como eliminar uma linha de produtos cuja margem seja negativa ou manter outra que, embora não apresente lucro contábil, proporciona margem de contribuição positiva.

FINANÇAS

A margem de contribuição permite o cálculo do *ponto de equilíbrio:* o ponto em que o total das receitas é igual ao total das despesas. Ele mostra qual é o volume de vendas que cobre o custo total. O lucro vem do que é produzido ou vendido acima desse volume.

A seguir, apresenta-se um exemplo de cálculo da margem de contribuição, uma comparação entre ela e o lucro bruto, assim como um cálculo do ponto de equilíbrio. No demonstrativo, considerou-se uma empresa que faturou R$ 500.000.000,00 no ano de 2006, correspondendo a 5.000 unidades de um produto ao preço médio de R$ 100,00 por unidade. Pelo exemplo, verifica-se que a margem de contribuição é de 30% do preço de venda, ou R$ 30,00 por unidade. Como os custos fixos somam R$ 115.000.000,00, o ponto de equilíbrio é de 3.833.333 unidades. Nesse volume de vendas, a margem de contribuição será exatamente igual aos custos fixos (3.833.333,33 x R$ 30,00 = R$ 115.000.000,00); então, nesse nível de atividade, o resultado seria zero.

Exemplo de demonstrativo de resultados e de margem de contribuição			
Valores em R$ 1.000	Ano 2006	%	Por unid.
Receita bruta	500.000	100%	100,00
(−) Impostos sobre vendas	50.000	10%	10,00
(=) Receita líquida	450.000	90%	90,00
(−) Custos e despesas variáveis			
Matérias-primas	180.000	36%	36,00
Materiais de embalagem	20.000	4%	4,00
Materiais consumidos na produção	12.000	2%	2,40
Mão de obra quando paga por produção	27.000	5%	5,40
Utilidades consumidas (energia, água etc.)	12.000	2%	2,40
Fretes	29.000	6%	5,80
Comissões sobre vendas	20.000	4%	4,00
Subtotal	300.000	60%	60,00
(=) Margem de contribuição (Receita líquida − custos variáveis)	150.000	30%	30,00
(−) Despesas fixas			
Depreciação	50.000	10%	10,00
Áreas de apoio na produção (manut., pcp, c. qualidade, equipes)	20.000	4%	4,00
Aluguéis e outras despesas de produção	10.000	2%	2,00
Departamentos corporativos	30.000	6%	6,00
Subtotal	110.000	22%	22,00
(−) Despesas financeiras	5.000	1%	1,00
(−) Impostos sobre o lucro	12.000	2%	2,45
(=) Lucro líquido	22.750	5%	4,55

GESTÃO ESTRATÉGICA DE MUDANÇAS CORPORATIVAS

Cálculo do ponto de equilíbrio	
Preço R$ 100,00 por unidade	
Custo fixo total (110.000 + 5.000)	115.000
Margem de contribuição por unidade	30,00
Ponto de equilíbrio (Custo fixo/margem de cont. unitária)	3.833
Receita no ponto de equilíbrio (3.833 unidades x 30,00)	115.000

O mesmo demonstrativo pode ser apresentado na forma contábil tradicional, como a seguir. Verifica-se que os valores são os mesmos, apenas sua disposição é diferente.

Exemplo de demonstrativo de resultados na forma contábil			
Valores em R$ 1.000	Ano 2006	%	Por unid.
Receita bruta	500.000		100,00
(−) Impostos sobre vendas	50.000		10,00
(=) Receita líquida	450.000	100%	90,00
(−) Custos de produção			
Matérias-primas	180.000	40%	36,00
Materiais de embalagem	20.000	4%	4,00
Materiais consumidos na produção	12.000	3%	2,40
Mão de obra quando paga por produção	27.000	6%	5,40
Utilidades consumidas (energia, água etc.)	12.000	3%	2,40
Depreciação	50.000	11%	10,00
Áreas de apoio na produção	20.000	4%	4,00
Aluguéis e outras desp. produção	10.000	2%	2,00
Subtotal	331.000	74%	66,20
(=) Lucro bruto	119.000	26%	23,80
(−) Despesas operacionais			
Departamentos corporativos	30.000	7%	6,00
Fretes	29.000	6%	5,80
Comissões sobre vendas	20.000	4%	4,00
Financeiras	5.000	1%	1,00
Subtotal	84.000	19%	16,80
(=) LAIR	35.000	8%	7,00
(−) Impostos de renda	12.250	3%	2,45
(=) Lucro líquido	22.750	5%	4,55

6.4   ANÁLISE DE CASOS

6.4.1   ANÁLISE HISTÓRICA DE ÍNDICES

Para ilustrar a análise histórica de índices, utilizou-se o caso da Gerdau, empresa líder do seu setor, com ações negociadas na Bovespa e na NYSE, com nível 3 de governança corporativa. As informações a seguir foram tiradas do relatório anual publicado, que consta como apêndice ao final do livro.

FINANÇAS

Análise financeira – Gerdau S.A. Balanço patrimonial consolidado – R$ milhões				
	2004	2005	2006	2007
Ativo circulante				
Disponível	2.042	5.465	6.379	5.139
Clientes	2.497	2.060	2.843	3.172
Estoques	4.237	4.019	5.053	6.057
Outros	780	585	809	945
Subtotal	9.556	12.129	15.084	15.313
Realizável a longo prazo				
Créditos trib. e IR diferido	668	685	1.366	1.529
Créditos diversos	366	198	809	1.045
Subtotal	1.034	883	2.175	2.574
Ativo permanente				
Investimentos	112	112	482	647
Ágio/Diferido	34	61	438	6.043
Intangível			45	1.074
Imobilizado	7.927	8.694	13.374	15.827
Subtotal	8.073	8.867	14.339	23.591
Total do ativo	18.663	21.879	31.598	41.478

Análise financeira – Gerdau S.A. Balanço patrimonial consolidado – R$ milhões				
	2004	2005	2006	2007
Passivo circulante				
Fornecedores	1.936	1.676	2.414	2.587
Empréstimos	1.968	1.327	2.275	2.501
Impostos	566	393	466	462
Outros	778	793	1.036	1.037
Subtotal	5.248	4.189	6.191	6.587
Exigível de longo prazo				
Empréstimos	3.490	5.352	6.671	12.461
Debêntures	915	969	929	903
Impostos	612	525	1.475	2.316
Outros	786	703	2.142	2.568
Subtotal	5.803	7.549	11.217	18.248
Patrimônio líquido				
Capital social	3.471	5.207	7.810	7.810
Ações em tesouraria			−110	−107
Reserva legal	377	377	159	279
Lucros acumulados	2.226	2.459	3.030	5.779
Ajustes de conversão moeda			−259	−1.049
Subtotal	6.074	8.043	10.630	12.712
Participação de ac. minoritários	1.538	2.098	3.558	3.931
Total do passivo	18.663	21.879	31.596	41.478

No período, os ativos da empresa cresceram 122%, 30,5% ao ano, evoluindo de R$ 18,6 bilhões para R$ 41,4 bilhões. Os investimentos foram maiores nos ativos permanentes, que aumentaram 192% – em 2004, representavam 43% do total, e em 2008, 57%.

O financiamento do aumento dos ativos foi suportado principalmente por empréstimos de longo prazo, retenção de lucros e aumento de capital. Os empréstimos cresceram 257%, passando de R$ 3,4 bilhões para R$ 12,4 bilhões, e o Patrimônio Líquido, recursos dos acionistas, evoluiu de R$ 6 bilhões para R$ 12,7 bilhões.

Análise financeira – Gerdau S.A. Balanço patrimonial consolidado – R$ milhões				
Indicadores	2004	2005	2006	2007
Liquidez geral (Ativo circulante/Passivo circulante)	1,8	2,9	2,4	2,3
Endividamento (Passivo circ. + Exig. L.P.)/Passivo total	59%	54%	55%	60%
Rentabilidade sobre PL – ROE (Lucro líquido/Patrimônio líquido)	53%	40%	40%	34%
Rentabilidade sobre ativo – ROA (Lucro líquido/Ativo total)	17%	15%	13%	10%
Prazo médio de vendas (Cliente/Receita bruta/365 dias)	39	30	36	34
Prazo médio de estoques em dias (Estoques/CPV/365)	116	95	97	96

A Liquidez Geral melhorou no período, passando de 1,8 para 2,3, enquanto o endividamento praticamente se manteve no mesmo patamar de 60%.

A Rentabilidade sobre o Patrimônio Líquido decresceu de 53% em 2004 para 34% em 2007. Embora tenha caído, o desempenho apresentado tem sido excelente, muito acima de padrões médios observados no mercado.

A Rentabilidade sobre os Ativos também decresceu no período, passando de 17% em 2004 para 10% em 2007.

O Prazo Médio de Vendas e o Prazo Médio de Estoques foram reduzidos no período, liberando recursos para melhorar a liquidez imediata da empresa, medida pelo crescimento no montante de recursos disponíveis e aplicações financeiras, que passou de R$ 2 bilhões em 2004 para R$ 5,1 bilhões em 2007, conforme demonstrado no Ativo Circulante.

Análise financeira – Gerdau S.A. Demonstrações de resultados consolidados – R$ milhões	2004	2005	2006	2007
Receita bruta	23.408	25.486	28.847	34.184
Receita líquida	19.597	21.245	25.884	30.614
CPV	−13.352	−15.519	−19.039	−23.131
Lucro bruto	6.245	5.726	6.845	7.483
	32%	27%	26%	24%
Despesas comerciais	-455	−514	−557	-619
	−2,3%	-2,4%	−2,2%	−2%
Despesas administrativas	−1.004	−1.140	−1.785	−1.878
	−5,1%	−5,4%	−6,9%	−6,1%
Outras receitas (despesas)	188	131	-36	−172
Lucro operacional	4.974	4.203	4.467	4.814
	25,4%	19,8%	17,3%	15,7%
Equivalência patrimonial	−343	−131	244	118
Financeiras líquidas	−176	-30	110	−390
Variação cambial líquida			330	723
Outras rec. não operac.	−25	293		
Lucro antes de impostos	4.430	4.335	5.151	5.265
	22,6%	20,4%	19,9%	17,2%
Imposto de renda	−1.194	−1.089	−889	−954
Lucro líquido	3.236	3.246	4.262	4.311
	16,5%	15,3%	16,5%	14,1%
Depreciação/amortização (inclusa no CPV)	767	839	1.137	1.317
EBITDA	5.741	5.042	5.604	6.131
	29,3%	23,7%	21,7%	20%

A Receita Líquida aumentou 56% no período, 16% ao ano. O lucro bruto piorou, passando de 31,9% sobre a Receita Líquida para 24,4%. Como não estão disponíveis os padrões médios do mercado, não é possível fazer comparações setoriais. No entanto, observa-se que a redução decorreu ou da queda de preços médios, devido ao crescimento e à concorrência, ou por um aumento do custo médio de produção mais do que proporcionalmente ao aumento de preços no mesmo período. Ou, ainda, podem ter ocorrido os dois fatos ao mesmo tempo: queda de preços e aumento de custos de produção.

As Despesas Comerciais caíram de 2,3% sobre a Receita Líquida para 2,0%, ao passo que as Despesas Administrativas aumentaram proporcionalmente à Receita Líquida, passando de 5,1% para 6,1%. Do lado comercial, pode-se observar que houve uma melhoria da eficiência, enquanto na gestão administrativa houve uma piora.

O Lucro Operacional e o Lucro Líquido caíram, basicamente, por causa da redução do lucro bruto da empresa.

O EBITDA passou de 29,3% da RL para 20,0%, refletindo a redução do lucro bruto.

6.4.2 ANÁLISE DE ÍNDICES COMPARATIVOS COM O CONCORRENTE

Para exemplificar a metodologia, utilizaram-se os demonstrativos contábeis de duas importantes empresas do setor de alimentos no Brasil, a Sadia e a Perdigão[2], ambas com ações na Bovespa e na NYSE. Tradicionalmente, essas empresas competem no mercado pela liderança no setor; com base no balanço de 2007, considerando-se o valor do faturamento, a Sadia assumiu a liderança. Ambas atuam com diversas marcas líderes no mercado. As informações a seguir foram extraídas dos relatórios anuais publicados pelas companhias e constam como apêndice ao final do livro.

Análise financeira – Perdigão x Sadia Balanço patrimonial consolidado – R$ milhões				
	Perdigão		Sadia	
	2006	2007	2006	2007
Ativo circulante				
Disponível	1.121	1.774	2.421	2.369
Cliente	702	804	679	487
Estoques	643	865	1.084	1.169
Outros	286	325	483	539
Subtotal	2.752	3.768	4.667	4.564
Realizável a longo prazo				
Créditos trib. e IR diferido	50	78		
Créditos diversos	189	176	521	531
Subtotal	239	254	521	531
Ativo permanente				
Investimentos	20	135	56	66
Ágio/Diferido	156	249	66	83
Imobilizado	1.663	2.137	2.268	2.938
Subtotal	1.839	2.521	2.390	3.087
Total do ativo	4.830	6.543	7.578	8.182

[2] No primeiro semestre de 2009, a Perdigão e a Sadia concluíram um processo de fusão de suas operações, criando-se a Brasil Foods. Após a crise mundial, que se iniciou nos Estados Unidos em setembro de 2008, no setor de construção civil e provocou graves perdas no setor financeiro mundial, a Sadia foi fortemente afetada nas suas aplicações em derivativos atrelados ao dólar. Os prejuízos afetaram sua estrutura de capital e levaram seus controladores a decisão de se associar a seu principal concorrente.

FINANÇAS

O Ativo Permanente representava, em 2007, 38% do Ativo Total nas duas empresas.

Análise financeira – Perdigão x Sadia Balanço patrimonial consolidado – R$ milhões				
	Perdigão		Sadia	
	2006	2007	2006	2007
Passivo circulante				
Fornecedores	486	576	503	594
Empréstimos	547	1.052	1.208	990
Impostos	25	30	63	66
Outros	194	283	428	578
Subtotal	1.252	1.941	2.202	2.228
Exigível de longo prazo				
Empréstimos	1.287	1.214	2.678	2.688
Provisão contigenciais	119	124	141	174
Impostos	25	30		
Outros	3	8	96	146
Subtotal	1.434	1.376	2.915	3.008
Patrimônio líquido				
Capital social	1.600	2.500	1.500	2.000
Ações em tesouraria				
Reserva legal	377	377		21
Lucros acumulados	506	727	958	890
Subtotal	2.105	3.226	2.458	2.911
Participação de ac. minoritários	39		1	35
Total do passivo	4.830	6.543	7.576	8.182

Análise financeira – Perdigão x Sadia Balanço patrimonial consolidado – R$ milhões				
	Perdigão		Sadia	
	2006	2007	2006	2007
Indicadores				
Liquidez geral (Ativo circulante/Passivo circulante)	2,2	1,9	2,1	2,0
Endividamento (Passivo circ. + Exig. L.P.)/Passivo total	56%	51%	68%	64%
Rentabilidade sobre PL – ROE (Lucro líquido/Patrimônio líquido)	6%	10%	15%	24%
Rentabilidade sobre ativo – ROA (Lucro líquido/Ativo total)	2%	5%	5%	8%
Prazo médio de vendas (Clientes/Receita bruta/365 dias)	42	38	31	18
Prazo médio de estoques em dias (Estoques/CPV/365)	61	66	76	68

A Liquidez Geral das duas empresas é próxima de 2,0, que demonstra uma excelente situação. Em 2007, a Perdigão terminou o ano com um endividamento total menor do que o da Sadia, 51% x 64%. A Rentabilidade sobre o Patrimônio Líquido da Sadia nos dois exercícios foi muito superior ao da Perdigão, demonstrando um melhor desempenho da companhia. Da mesma forma ocorreu com a Rentabilidade sobre o Ativo.

O Prazo Médio de Vendas da Perdigão é superior ao da Sadia. Como as duas empresas têm aproximadamente a mesma proporção entre vendas nos mercados interno e externo (informação constante no relatório da administração), falta informação para explicar essa diferença de política comercial. Por exemplo, dependendo da política utilizada para adiantamento das exportações (operação de ACC – adiantamento dos contratos de câmbio), pode haver um impacto diferente no contas a receber.

Em relação aos estoques, observa-se uma política parecida, as duas empresas mantêm estoques entre 65 e 70 dias.

Análise financeira – Perdigão x Sadia Balanço patrimonial consolidado – R$ milhões				
	Perdigão		Sadia	
	2006	2007	2006	2007
Receita bruta	6.106	7.789	7.940	9.844
Receita líquida	5.210	6.633	6.877	8.623
CPV	−3.866	−4.760	−5.186	−6.312
Lucro bruto	1.344	1.873	1.691	2.311
	25,8%	28,2%	24,6%	26,8%
Despesas comerciais	−1.071	−1.279	−1.288	−1.464
	−20,6%	−19,3%	−18,7%	−17,0%
Despesas administrativas	−72	−77	−71	−101
	−1,4%	−1,2%	−1,0%	−1,2%
Financeiras líquidas	−130	−105	77	-37
	−2,5%	−1,6%	1,1%	-0,4%
Outras rec. (despesas)	8	−8	11	−76
Lucro operacional	79	404	420	633
	1,5%	6,1%	6,1%	7,3%
Equivalência patrimonial				
Variação cambial líquida				
Outras rec. não operac.	−6	−20	−5	155
Lucros antes de impostos	73	384	415	788
	1,4%	5,8%	6,0%	9,1%
Imposto de renda	62	−32	−38	−99
	−19	−30	1	1
Lucro líquido	116	322	377	689
	−2,2%	4,9%	5,5%	8,0%

Análise do EBITDA				
	Perdigão		Sadia	
	2006	2007	2006	2007
Depreciação/amortização (inclusa no CPV)	239	272	239	466
EBITDA (Lucro líquido + Depre. + IR + P. Min + R/D não oper. + Financeira)	299	646	658	1.099
	5,7%	9,7%	9,6%	12,7%

1. Em 2007, o faturamento bruto da Sadia foi 26% superior ao da Perdigão. O crescimento da Perdigão em relação a 2006 foi de 27,5%, e o da Sadia foi de 24%. O lucro bruto da Perdigão nos dois exercícios foi ligeiramente superior ao da Sadia (2006 = 25,8% x 24,6%, 2007 = 28,2% x 26,8%).

As despesas operacionais (comerciais, administrativas e financeiras) da Sadia foram inferiores às da Perdigão, e essa diferença mais do que compensou a diferença no lucro bruto, de forma que o Lucro Operacional da Sadia acabou superando o da Perdigão. Isso também refletiu no Lucro Líquido da Sadia, que foi superior no dois exercícios analisados, assim como ocorreu com o EBITDA.

REFERÊNCIA

BAZERMAN, Max H.; LOEWENSTEIN, George; MOORE, Don A. Why good accountants do bad audits. *Harvard Business Review*. Boston, Nov. 2002.

CAPÍTULO 7

PLANEJAMENTO E ORÇAMENTO

A MELHOR MANEIRA DE PREVER O FUTURO É INVENTÁ-LO.
(Alan Kay, 1940)

O processo de planejamento gera *inputs* para a definição das diretrizes e metas para o futuro da companhia e inclui discussão sobre a estratégia empresarial. São fontes de informação para o planejamento: a revisão da análise do ambiente externo – incluindo variáveis macroeconômicas (câmbio, inflação, taxa de juros, taxa de emprego, outras variáveis importantes para o negócio, como preço de matéria-prima e mão de obra) – e a estrutura da indústria. A análise do ambiente macroeconômico costuma ser sintetizada na sigla *Pestel*, que, em inglês, designa os fatores de ordem política, econômica, social, tecnológica, ambiental e legal.

Também é feita uma análise aprofundada do ambiente interno da empresa, apoiada nos modelos e técnicas comentados no Capítulo 4; entre eles, os mais importantes são Análise Swot, Matriz de Ansoff, Matriz BCG e GE.

Uma vez discutidas e definidas as principais diretrizes do negócio, ou de cada unidade de negócio no caso de grupo empresarial, preparam-se os diversos planos para cada setor, linha de produto ou unidade estratégica de negócio, gerando os planos de ação, projetos e orçamentos.

7.1 A IMPORTÂNCIA DO PLANEJAMENTO NA GESTÃO

Entre as técnicas utilizadas pelos administradores, o planejamento é um dos mais importantes processos de gestão. Quando é feito de maneira envolvente, dando oportunidade para que todos da equipe participem, leva as pessoas a se comprometerem com os objetivos e a se sentirem responsáveis por eles.

GESTÃO ESTRATÉGICA DE MUDANÇAS CORPORATIVAS

O planejamento permite disseminar por toda a corporação as principais diretrizes e estratégias da companhia, tornando-se também uma ferramenta eficiente de treinamento e desenvolvimento das pessoas. Ao estabelecerem as metas em conjunto com a equipe, os gestores definem com o grupo as prioridades e os objetivos específicos de cada colaborador. Assim, o planejamento fundamenta todo o processo de delegação e de descentralização (*empowerment*), permitindo maior agilidade nos processos decisórios, fortalecendo e comprometendo toda a equipe. Sem um bom planejamento, a delegação de poder corre sério risco de ser feita às cegas, pois não haverá como as pessoas saberem suas metas, nem os líderes poderão acompanhá-las com objetividade e corrigir o curso de ação quando necessário.

Quando feito com informações adequadas e bem apuradas, possibilita que os líderes antecipem a visão do negócio e do setor. Com base em análise, experiência e intuição, é possível vislumbrar o futuro e antecipar decisões e projetos para que a empresa possa continuar firme diante de turbulências e adequar sua posição sempre que as circunstâncias o exigirem.

7.2 PLANEJAMENTO ESTRATÉGICO

Planejamento estratégico é um dos conceitos utilizados da maneira mais imprecisa nas empresas. Em certas organizações, ele é visto como camisa de força imposta pela burocracia e executada anualmente para cercear toda e qualquer flexibilidade e alinhamento com a realidade. Em outras, é confundido com orçamento e se perde entre inúmeras tabelas de lucros e perdas e estruturas de custo. Mas, afinal, que monstro é esse?

Fazer o planejamento estratégico é definir exatamente onde a companhia está, para onde ir, por que ir, e estabelecer o melhor caminho para atingir a meta. Conforme discutido no Capítulo 5, a escolha da estratégia passa pela análise do setor proposta no modelo das cinco forças de Porter. As ferramentas de apoio na análise interna completarão o quadro ao esclarecerem pontos fortes e pontos fracos, o desempenho de produtos, a atratividade de mercados. Os administradores chegam, assim, à definição de como a empresa vai competir em um determinado mercado, ou seja, como se posicionará de maneira a ser única para uma parcela dos clientes no seu segmento.

Na maioria das vezes, as empresas atuam baseadas em estratégias definidas pelos seus fundadores no início da operação, que são aprimoradas ao longo de sua existência. Cabe aos profissionais melhorar e ajustar a estratégia para torná-la cada vez mais forte, mais bem percebida e valorizada pelos clientes, e difícil de ser copiada. A estratégia se apoia nas fontes de vantagem competitiva desenvolvidas pela empresa, que precisam de ajustes permanentes para se revigorarem a cada momento. No cenário atual, retratado no Capítulo 2 e caracterizado por mudanças muito rápidas, o processo de fortalecimento das fontes de vantagem competitiva é muito mais relevante do que antigamente.

7.3 A MONTAGEM DO PLANEJAMENTO

O processo completo de planejamento inclui discussões sobre metas de médio e longo prazo (três a cinco anos), mais planejamento e orçamento mensais detalhados para os 24 meses seguintes.

Durante o ano, o planejamento serve para monitoramento e avaliação dos resultados e do desempenho da equipe. Mensal ou trimestralmente, em reuniões de acompanhamento, o desempenho de cada área é avaliado, comparando-se os resultados reais com as metas estabelecidas, tanto em termos econômico-financeiros como em relação às ações e aos projetos definidos para cada área. Revisões das metas mensais e trimestrais para os 24 meses seguintes também podem ser feitas como um processo móvel. Dessa forma, possibilita-se a análise dos desvios e a proposição de ações corretivas. Tais eventos, se bem conduzidos, são oportunidades de ouro para o desenvolvimento das pessoas e o crescimento da empresa.

Os processos de planejamento e orçamento podem apresentar variações de companhia para companhia. Em geral, o ciclo completo envolve as seguintes etapas:

7.3.1 AVALIAÇÃO DA ESTRATÉGIA COMPETITIVA

A estratégia, como visto no Capítulo 5, determina o conjunto de atividades da empresa. Portanto, a vida da organização é influenciada permanentemente pela estratégia escolhida. A perfeita sintonia entre as diversas atividades, nos diferentes setores, suporta o bom desempenho em relação à indústria. Apesar da preocupação diária com a harmonia entre os processos e entre os departamentos, é ao final de cada ano que normalmente se faz a análise aprofundada do desempenho da empresa, da eficácia da estratégia e das fontes de vantagem competitiva que a sustentam.

Caso o desempenho alcançado esteja dentro dos padrões orçados e se mostre adequado quando comparado com as médias setoriais, não há motivo para pensar em alterar a estratégia básica da companhia. Mas quando são constatadas variações indicando queda, tanto em relação ao valor orçado como em relação ao setor, é preciso identificar se o problema se refere à estratégia ou à sua implementação.

Nesse caso, é preciso rever as diversas atividades que dão suporte às fontes de vantagem competitiva. Por exemplo, se a opção estratégica for diferenciação, mas a empresa não estiver conseguindo os resultados esperados, avalia-se até que ponto é negligenciado o controle de custos. Também é necessário avaliar se a empresa tem conseguido desenvolver tecnologias e produtos verdadeiramente percebidos como superiores pelos clientes, e se obtém com isso um reconhecimento por meio de preços melhores. No entanto, se a estratégia for liderança de custos e os resultados se mostrarem insatisfatórios, é de se perguntar se os aspectos relacionados à qualidade do produto e à atenção aos clientes recebem o devido cuidado ou até que ponto as atividades de fato permitem à empresa obter custos médios menores do que os da concorrência.

Na maioria das vezes, o problema está na execução, e não na estratégia propriamente dita. E de nada adianta implementar perfeitamente uma estratégia errada, ou definir uma ótima estratégia e falhar na sua implementação. Em ambas as situações, cabe às lideranças avaliar com profundidade o desempenho da companhia e perguntar qual fator está afetando seus resultados.

De qualquer forma, nesta primeira etapa, as conclusões e decisões decorrentes dependem da revisão das análises dos ambientes interno e externo, conforme está descrito no item 7.3.2 (seguinte). Pode-se chegar a conclusões como:

–   A estratégia está adequada e os resultados estão dentro do esperado. Portanto, a estratégia será mantida e serão discutidas as ações para reforçar as fontes de vantagem competitiva.

–   A estratégia está adequada, mas os resultados estão abaixo do esperado e dos parâmetros setoriais. Nesse caso, pode ser que a implementação mereça reparos, e isso precisa ser discutido com toda a equipe de gestão da empresa.

–   A estratégia está inadequada. Nesta situação mais rara, pode-se concluir pela mudança da estratégia para melhorar o desempenho. O processo de escolha de uma estratégia alternativa normalmente é difícil e demorado, exigindo muito mais das lideranças do que um planejamento normal.

7.3.2   REVISÃO DA ANÁLISE DOS AMBIENTES EXTERNO E INTERNO

AMBIENTE EXTERNO

Inclui a avaliação das variáveis macroeconômicas que influenciam o negócio. Primeiro, identificam-se as variáveis que afetam o desempenho da companhia: inflação, crescimento, investimentos governamentais, política cambial, nível de emprego, renda. Avaliam-se quais variáveis são as mais importantes na circunstância presente, qual a tendência do comportamento delas para o exercício, e qual o seu impacto no negócio.

Também deve ser bem analisado o ambiente competitivo. A principal técnica para isso é a matriz das cinco forças do modelo de Michael Porter.

AMBIENTE INTERNO

As técnicas utilizadas foram citadas no Capítulo 4 e incluem a Análise Swot, a Matriz Produto-Mercado, além de outros modelos existentes, como a Matriz BCG e a Matriz GE de atratividade.

As informações obtidas com a análise do ambiente externo e a avaliação do ambiente interno servirão de suporte para a definição de diretrizes, projetos, ações, prioridades e metas para o planejamento do exercício.

7.3.3 DEFINIÇÃO DAS PRINCIPAIS DIRETRIZES PARA O EXERCÍCIO

Com base na estratégia estabelecida no item 7.3.1 e na avaliação do ambiente citada no item 7.3.2, a alta administração, em conjunto com as lideranças e suas equipes, estabelece as principais diretrizes da empresa para o período abrangido pelo planejamento em relação a: investimentos (tanto nos negócios atuais como em novos projetos ou produtos); crescimento esperado por negócio ou por linha de produto; metas de lucratividade e rentabilidade; metas de dividendos, além de outros objetivos importantes para a organização.

7.3.4 PLANEJAMENTO DAS ÁREAS OPERACIONAIS DA EMPRESA

As unidades de negócio e as áreas funcionais discutem e desenvolvem seus planos para o exercício alinhados com as diretrizes e metas definidas. Esse processo integra os gestores das unidades de negócio e suas respectivas equipes: as áreas comercial e de marketing; as áreas de produção, tecnologia da informação e tecnologia de fabricação (quando for o caso); recursos humanos e a área financeira, à qual cabe consolidar todos os planos em um orçamento econômico-financeiro.

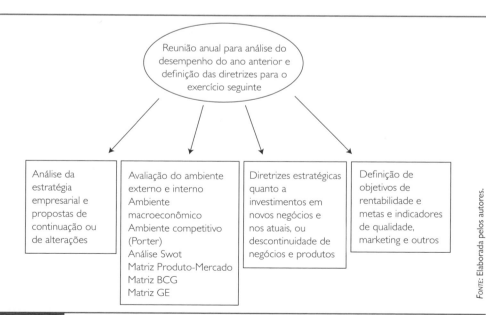

FIGURA 7.1 Exemplo de um processo de planejamento – etapa 1

```
                    ┌─────────────────────────────┐
                    │ Discussões e definições dos  │
                    │       planos por área:       │
                    │     Unidades de negócio      │
                    │     Marketing e vendas       │
                    │    Produção e tecnologia     │
                    │      Recursos humanos        │
                    │    Tecnologia da informação  │
                    └─────────────────────────────┘
```

Marketing e vendas	Produção e tecnologia	Recursos humanos	Tecnologia da informação
Estratégias por produto	Investimentos	Incentivos e planos de remuneração	Plano diretor
Comunicação, propaganda e promoção	Mudanças de tecnologia	Banco de talentos	Investimentos em hardware e aplicativos
Objetivos de vendas região/equipe/produto	Plano de produção	Planos de carreiras	Tecnologia
Estratégia de preços e margem por produto	Plano de estoques e compras de matéria-primas e produtos acabados	Treinamento e desenvolvimento	Novos desenvolvimentos
	Plano de equipes de produção	Evolução do quadro e *turnover*	Equipe e cronograma de atividades

Controladoria e finanças
Orçamento econômico-financeiro por negócio e por produto
Plano de investimento consolidado de todas as áreas funcionais: produção, tecnologia da informação e infraestrutura de suporte
Consolidação dos indicadores de toda a organização
Definição de necessidades de capital e propostas sobre as melhores alternativas
Projeções financeiras: fluxo de caixa, EBTIDA, rentabilidade, ROI (*return on investment*) e projeção de dividendos

FIGURA 7.2 Exemplo de um processo de planejamento – etapa 2

FONTE: Elaborada pelos autores.

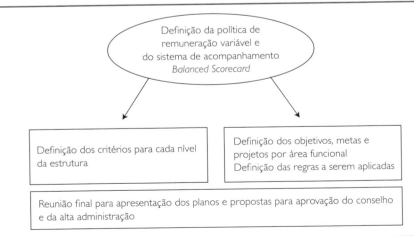

FIGURA 7.3 Exemplo de um processo de planejamento – etapas 3 e 4

7.4 FERRAMENTAS

O planejamento estratégico é a espinha dorsal que sustenta todas as atividades de uma empresa e, como tal, deve comportar flexibilidade para que os movimentos sejam feitos em coerência com a estratégia, porém não engessados.

A crescente rapidez dos ciclos dos negócios leva as empresas a um constante "repensar" organizacional, que inclui o entendimento das forças do mercado, as competências organizacionais, a Matriz Produto-Mercado (Ansoff), posicionamento e segmentação (RIES; TROUT, 1993) e o *Balanced Scorecard* (BSC).

Também podem fazer parte do processo de planejamento, de maneira complementar, o Orçamento Base Zero (OBZ), metodologia que permite rever e questionar a estrutura operacional da empresa, e o BBRT, no qual as metas e os indicadores são discutidos trimestralmente e podem ser alterados conforme as mudanças no mercado.

7.4.1 BSC

O *Balanced Scorecard* foi desenvolvido por Kaplan e Norton a partir de um amplo estudo e levado a público em artigo por eles publicado na *Harvard Business Review* na edição de janeiro e fevereiro de 1992. Os autores partiram do princípio de que manter a estratégia apenas pelas medidas contábeis não é suficiente para um bom desempenho gerencial. Consideraram que, para um bom desempenho competitivo, é preciso acompanhar todo o processo de realização da estratégia, com medição e controle constantes que permitam promover os ajustes necessários na operacionalização.

O BSC oferece um sistema de medição que amplia a perspectiva dos gestores e, mais do que isso, propicia saltos de desempenho. Contempla quatro áreas críticas para o negócio: a perspectiva do cliente; a perspectiva interna; a perspectiva de inovação e crescimento; e a perspectiva financeira. Concretiza a estratégia buscando resposta a questões como: Qual é nossa visão de futuro? Como nos diferenciaremos ao realizar nossa visão? Quais são os nossos fatores críticos de sucesso? Que medidas devemos tomar em relação a cada um desses fatores críticos?

O BSC foi lançado como um sistema de medidas organizacionais. Entretanto, ao acompanharem sua aplicação em inúmeras empresas, seus autores notaram que o modelo também era utilizado como um sistema de gestão estratégica. A partir disso, Norton e Kaplan, utilizando o BSC como plataforma, elaboraram um modelo de gestão estratégica que traduz a visão empresarial em termos operacionais mais específicos, desdobra os objetivos corporativos em objetivos específicos e os comunica de modo amplo, além de associá-los diretamente ao sistema de recompensas.

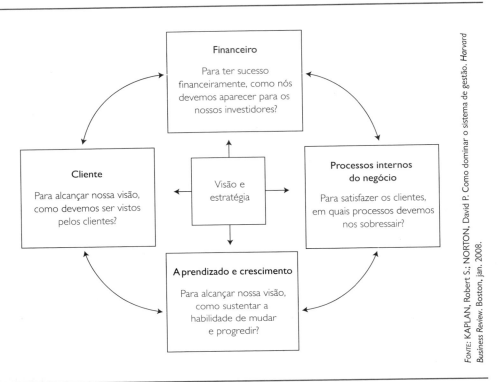

FIGURA 7.4 *Balanced Scorecard*

MAPA ESTRATÉGICO

Norton e Kaplan propõem um mapa estratégico que tem como finalidade descrever a estratégia em cada uma das quatro áreas. Além de clarificar as ações a serem promovidas, acompanhadas e medidas, o mapa facilita a comunicação da estratégia para todos os envolvidos.

O BSC é utilizado cada vez mais no mundo todo, com grande nível de aprovação, pois permite o detalhamento e a correlação entre as ações e a estratégia, envolvendo e comprometendo toda a equipe. Também tem sido adotado, com sucesso, por organizações não governamentais e outras entidades sem fins lucrativos. Para todo tipo de organização, ele possibilita uma importante vinculação entre o planejamento estratégico, as metas e os indicadores operacionais. Além de balancear a busca de resultados de curto e de longo prazos, equilibra medidas financeiras com medidas não financeiras, indicadores de tendências com fatos reais, perspectivas internas com perspectivas externas.

PLANEJAMENTO E ORÇAMENTO

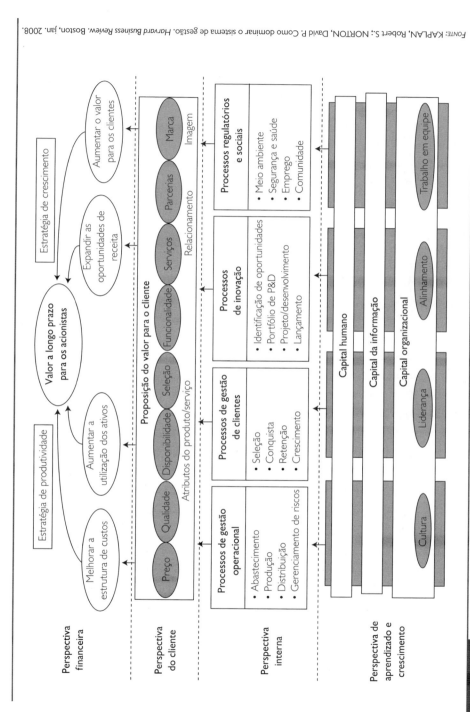

FIGURA 7.5 Mapa estratégico da criação de valor pela organização

FONTE: KAPLAN, Robert S.; NORTON, David P. Como dominar o sistema de gestão. *Harvard Business Review*, Boston, jan. 2008.

7.4.2 OBZ

De maneira semelhante ao BSC, a ferramenta Orçamento Base Zero permite o detalhamento total das atividades, porém as vê da ótica financeira. Elabora uma visão futura da organização sem o viés de orçamentos anteriores.

Todo orçamento reflete as expectativas da empresa em um conjunto de projeções econômico-financeiras. Atualmente, a maioria das empresas faz orçamentos com base no desempenho histórico, complementado por avaliações de mercado, da concorrência, e por indicadores-chave do mercado. É muito comum os administradores usarem o modelo de orçamento incremental, que considera o exercício do ano anterior e ajusta os itens para o ano em curso. Nesse caso, os gestores não preveem mudanças no ambiente que possam alterar substancialmente a forma de operar. Por isso, tanto o planejamento como o orçamento acabam indicando apenas movimentos incrementais da empresa.

O OBZ, ou *Zero-Base Budgeting* (ZBB), é aplicado há décadas e tem sido utilizado em situações nas quais ocorre uma ruptura nos paradigmas do mercado, obrigando a empresa a rever toda a sua estrutura e forma de atuar. É uma resposta eficaz para a contínua busca de redução de custos, *downsizing* e reestruturação administrativa.

Seu alcance e sua amplitude transcendem em muito a simples técnica de corte de orçamento. Concebido, na estrutura atual, pelo executivo norte-americano Peter A. Phyrr na implementação do orçamento das áreas de *staff* e pesquisas da Texas Instruments para o exercício de 1971, o trabalho deu origem a um artigo de Phyrr publicado em dezembro de 1970 pela *Harvard Business Review*. A aceitação foi enorme e Phyrr foi convidado, em 1972, pelo então governador da Geórgia, Jimmy Carter, a se desligar da Texas Instruments e preparar o orçamento fiscal de 1972-1973 daquele estado.

A ferramenta trouxe rápido sucesso a Phyrr. Sua filosofia pregava o abandono do orçamento tradicional incremental, bem como um ranking das prioridades para cada atividade.

Descrevendo de uma maneira simplificada, o OBZ apresenta duas fases distintas. Por não utilizar referência orçamentária de anos anteriores, tudo se inicia do zero (como o nome indica). Todos os eventos do orçamento têm de ser apresentados, discutidos e aprovados por comitês. É como se a empresa, sua diretoria ou um departamento estivessem sendo criados naquele momento. Embora trabalhoso, o processo permite aos envolvidos uma correlação direta entre o evento e seu custo, além do respectivo retorno esperado, pois se retira o viés de exercícios anteriores.

Cada evento aprovado é apresentado e sua prioridade é defendida com a comitês de aprovação que, para avaliar os tópicos, os distribuem graficamente em forma de torre, tendo na base os itens mais necessários e no topo os menos necessários para a organização. Isso não significa que os itens do topo devam ser sempre suprimidos. Simplesmente, é considerado o grau de relevância de cada um.

PLANEJAMENTO E ORÇAMENTO

O processo de negociação no OBZ exige experiência e habilidade por parte dos responsáveis pelos comitês. Há sempre o risco de que o processo decisório derive para uma luta de poder em vez de focar na real hierarquia das necessidades organizacionais.

Phyrr estruturou a ferramenta OBZ em um cenário de razoável continuidade nos mercados. A tecnologia de informação disponível não era adequada para dar suporte à complexa definição de ranking das atividades de uma empresa. Além disso, o delicado e exigente ambiente político interno era (e é sempre) um fator altamente complicador. Tudo isso levou o Orçamento Base Zero a um período de hibernação nas organizações entre os anos de 1990 e 2000, embora permanecesse forte nos projetos das consultorias de turnaround.

No momento atual, em que as mais diversas forças de mercado local e global, em rápidas mudanças causadas pelo avanço da tecnologia, tornam os ciclos de negócios mais curtos e turbulentos, cada vez mais os executivos buscam repensar suas organizações de maneira profunda e sem ideias preconcebidas, ou seja, a partir de uma "folha em branco". Tal contexto fez ressurgir com força o Orçamento Base Zero, com sua amplitude de escopo e utilidade para definições estratégicas. As atuais ferramentas de TI colaboram para que se obtenha dele um excelente resultado.

Simplesmente executar o Orçamento Base Zero como redutor de custos é não entender a riqueza e a profundidade do método, que permite o exame, de maneira direta e profissional, de todo o pensamento estratégico. Seu pré-requisito é a definição do caminho que a empresa quer trilhar.

7.4.3   *BEYOND BUDGETING ROUND TABLE* (BBRT)

Beyond Budgeting Round Table[1] é um conjunto de princípios que foi inicialmente adotado por um grupo de empresas na Inglaterra, em 1998, sob a coordenação de Steve Player, Robin Fraser e Jeremy Hope. Atualmente, constitui uma rede internacional com crescente adesão de administradores que precisam de uma dinâmica mais adaptada ao ambiente econômico turbulento. O BBRT propugna deixar de lado a exigência de metas anuais e descentralizar as decisões. O orçamento é tratado como um processo contínuo (*rolling forecasting*). A empresa fixa objetivos de médio prazo (três a cinco anos) e, em geral, a cada trimestre analisa o desempenho e revê as projeções de futuro à luz das mudanças no mercado, em processos que duram apenas algumas semanas. O BBRT permite resposta imediata a mudanças repentinas no ambiente.

Muitas das boas ferramentas de gestão, como o BSC, agilizam atividades como o gerenciamento da relação com os clientes, dando ao pessoal de linha maior capacitação para prover soluções imediatas. Entretanto, uma estrutura emperrada pode impedir o

---

[1]   Disponível em: <http://www.bbrt.org>.

uso dessas ferramentas de maneira plena. O planejamento anual pode levar meses para ser preparado e baseia-se somente no passado da empresa, projetando o crescimento de forma incremental e determinando objetivos fixos. Ao fazer um orçamento anual, a empresa pressupõe que seus administradores tenham total capacidade de previsão e controle, o que é impensável em algumas indústrias.

No processo tradicional, os gestores precisam apresentar números anualmente e é forte a tentação de utilizarem práticas escusas. Além disso, eles não olham para o que está fora das metas que lhes cabem e perdem a visão global do negócio.

Utilizando a técnica do BBRT, as companhias definem seus objetivos a partir de metas retiradas de referências internas e de *benchmarks* de empresas com alto desempenho, denominados KPI's (*key performance indicators*), que orientam todas as metas de maneira flexível e ágil.

O BBRT permite mais integração do pessoal financeiro com os tomadores de decisões operacionais. Os administradores disponibilizam recursos às equipes operacionais por meio de um processo fácil e rápido de aprovação. O reconhecimento e a premiação das pessoas dependem de serem atingidas metas de médio prazo, tanto individuais quanto empresariais. Assim, o empreendedorismo é incentivado e as perdas são reduzidas. O comportamento de jogar com os números é desestimulado.

Algumas empresas fazem revisões anuais das projeções de médio prazo (dois a cinco anos) e trimestrais para as de curto prazo (poucos trimestres adiante), com grande interação entre os diversos níveis hierárquicos. As decisões locais são permitidas e encorajadas. Assim, a responsabilidade de apresentar resultados é radicalmente descentralizada.

As informações têm que fluir internamente em patamares mais altos de abertura e transparência para que as pessoas nos diversos postos se mantenham conectadas às metas globais da organização. Isso gera uma necessidade de equilibrar a competição interna e ter uma governança que forneça balizas e limites claros como suporte ao *empowerment* dos membros da equipe.

REFERÊNCIAS

ANSELMO, Estevão. O uso do *balanced scorecard* na gestão estratégica das empresas: o caso da Siemens Brasil. In: DOS SANTOS, Silvio Aparecido; PASQUALE, Perrotti Pietrangelo (Org.). *Fronteiras da administração I*: teorias, aplicações e tendências. Campinas: Akademia, 2004.

HOPE, J. H.; FRASER, J. R. T. *Beyond budgeting:* how managers can break free from the annual performance trap. Boston: Harvard Business School Press, 2003.

KAPLAN, Robert S.; NORTON, David P. Como dominar o sistema de gestão. *Harvard Business Review*. Boston, jan. 2008.

PYHRR, Peter A. *Zero-base budgeting*. New York: John Wiley & Sons, 1973.

RIES, Al; TROUT, Jack. *Positioning:* the battle for your mind. New York: Warner Books, 1993.

CAPÍTULO 8

CAPITAL HUMANO

ADMINISTRAR NADA MAIS É QUE MOTIVAR PESSOAS.
(Lee Iacocca, 1924)

Neste novo mundo, a internet e a globalização levam a um aumento do conhecimento sobre técnicas e processos organizacionais por todos os competidores de forma rápida e dinâmica, aproximando cada vez mais os concorrentes em cada setor. Nesse contexto, as pessoas, o capital humano das empresas, tornam-se fatores decisivos para se alcançar os diferenciais competitivos duradouros citados por Porter e Prahalad. Este capítulo aborda o capital humano e a liderança como fatores fundamentais para o sucesso das organizações. Também apresenta aspectos centrais do processo de aprendizagem organizacional que são importantes no desenvolvimento das competências (*core competence*) citadas por Prahalad. E, ao final, discutem-se os processos de remuneração variável como importante método de comprometimento das pessoas com as metas da empresa.

8.1 LIDERANÇA TRANSFORMACIONAL

Liderança é o conjunto dos comportamentos de um indivíduo que influenciam e coordenam as atividades de um grupo para se chegar a um objetivo comum. A liderança ocorre quando os seguidores percebem e aceitam tais comportamentos e atribuem a esse indivíduo o status de líder.

Entre as maneiras de exercer liderança, dois estilos são bastante evidentes nas empresas: a liderança *operacional* ou *transacional*, voltada ao gerenciamento dos trabalhos da companhia, e a liderança *carismática* ou *transformacional*, que inspira o sentido de urgência e alia as pessoas à visão e às estratégias para realizá-las. Enquanto o primeiro estilo é indispensável para conferir consistência e ordem, o segundo é fundamental para implementar mudanças. A liderança operacional, que requer controle e solução diária de problemas, não dá conta de todos os desafios enfrentados pelos gestores. Em muitos casos, é necessário também o exercício da liderança transformacional.

Embora se saiba que, em geral, as pessoas não gostem de mudanças em suas rotinas, no mundo atual há uma enorme pressão para que as organizações alterem frequentemente suas táticas e suas estruturas para enfrentar a competição e as novas demandas dos clientes. Apesar das resistências, mais mudanças batem à porta das empresas constantemente, bem como requerem mais carisma na liderança.

A gama de características de um mesmo líder faz com que ele seja mais transacional ou mais transformacional. O ideal é equilibrar os dois tipos, mantendo ambos os estilos presentes. Na nova economia, as empresas precisam contar com flexibilidade, mas, ao mesmo tempo, com certo grau de organização, constância e perseverança. O atual ambiente complexo obriga o gestor a lidar não apenas com seus subordinados diretos mas também com outros setores da empresa, colaboradores terceirizados etc. Em todos os momentos, o gestor deve motivar e inspirar as pessoas, ajudando-as a planejar, organizar e avaliar. Para tanto, ele precisa suscitar credibilidade, confiança, esperança e, ao mesmo tempo, evitar dependência exagerada por parte dos liderados, assegurando que eles tenham a necessária energia para enfrentar suas dificuldades. Essa é a função transformacional da liderança.

No "admirável mundo novo" em que vivemos, no qual a tecnologia e a globalização dos mercados têm alterado profundamente a hierarquia tradicional no interior das empresas, o sucesso ou o fracasso de uma organização depende da capacidade da alta administração em iniciar e conduzir processos de mudança. A competição é acirrada, os colaboradores procuram mais significado no trabalho, são mais bem-educados, têm expectativas mais altas e exercem maior influência no negócio do que no passado. Novas crises, rupturas tecnológicas, mudanças de valores da sociedade – ou seja, novos tempos – requerem novas organizações. No mundo da *destruição criativa*[1], repleto de incerteza e transformação, quebra de paradigmas, insatisfação com o *status quo*, exige-se que o líder seja um mestre das mudanças.

Schumpeter já definia como agente de mudança o empreendedor, alguém com poder mental e inteligência suficientes para quebrar costumes e tradições e dar o impulso necessário para os outros vencerem a inércia na busca de uma condição nova. Essa mesma descrição se ajusta perfeitamente ao líder carismático, a personificação da verdadeira destruição criativa.

---

[1] Ver Capítulo 2.

CAPITAL HUMANO

	Liderança operacional ou transacional	Liderança carismática ou transformacional
Ambiente de desempenho	Estabilidade	Mudança
Variável temporal de interesse	Presente	Futuro
Início do processo de desempenho	Por instrução	Pela visão
Reconhecem como importante	Táticas, estruturas, sistemas	Filosofia empresarial, valores essenciais, metas compartilhadas
Estilo de implementação	Controle	Delegação
Forma de agir	Lógica	Intuitiva

FONTE: VRIES, Kets de; MANFRED, F. R. *Liderança na empresa.* São Paulo: Atlas, 1997.

QUADRO 8.1 Tipos de liderança empresarial

O termo *carisma*, derivado do grego antigo, significa *dádiva*. Nos primórdios da Igreja Católica, o sentido foi adaptado para *dádiva divina*, o dom de realizar feitos extraordinários como cura e profecia. A aplicação do termo *carisma* ao contexto de liderança veio muito mais tarde, por meio do trabalho pioneiro do sociólogo alemão Max Weber (1864-1920), que descreveu três tipos básicos de autoridade nas sociedades: a tradicional, a racional-legal e a carismática. Para Weber, o poder dos líderes carismáticos estava revestido de força, habilidades e talentos pessoais excepcionais, sendo eles importantes agentes de mudança. Em razão, em parte, de tal aspecto da conceituação weberiana, nos anos 1980 e 1990 pesquisadores concentraram atenção nas lideranças carismáticas presentes nos negócios.

O cientista político James McGregor Burns também influenciou profundamente os pensadores empresariais que separam liderança de gerência. No seu livro *Leadership*, de 1978[2], conclui que os líderes podem ser separados em duas categorias, os transformacionais e os transacionais. A liderança transacional ocorre quando líder e liderados interagem com o propósito de trocar coisas de valor. E a transformacional acontece quando, nesse engajamento, tanto o líder quanto o seguidor se elevam mutuamente a níveis mais altos de motivação e moralidade, de tal maneira que ambos são transformados como indivíduos. O seguidor se transforma em líder e o líder, em agente moral.

O aspecto carismático ou transformacional, entretanto, não é algo misterioso, mas, sim, um fenômeno comportamental passível de descrição e análise. O caráter transformacional é atribuído ao líder a partir das suas interações, nas quais brotam a confiança e a afeição dos seguidores. As crenças entre seguidores e líder são alinhadas, há aceitação

[2] BURNS apud BERGAMINI, Cecília W.; CODA, Roberto. *Psicodinâmica da vida organizacional.* São Paulo: Pioneira, 1977.

incondicional do líder pelos seguidores, envolvimento emocional deles com a missão, altos níveis de desempenho e crença generalizada de que todos são capazes de contribuir para o sucesso coletivo.

O líder carismático tem visão bastante discrepante do *status quo*. Aceita alto nível de risco pessoal, lança mão de estratégias não convencionais, tem visão realista das oportunidades e ameaças, demonstra confiança e tem grande poder pessoal de influência. Inspirando forte coesão no grupo e alto nível de performance, consegue criar um clima de insatisfação com a realidade que se vive, a ponto de os próprios liderados sentirem necessidade de buscar alternativas. O líder transformacional monitora constantemente as ameaças e as oportunidades, deixando sua marca tanto no desempenho organizacional (como economia de custos, retorno de investimento etc.) quanto em mudanças internas dos liderados (em comportamento, crenças, atitudes).

O líder carismático constrói as impressões de lealdade e *expertise* por meio de seus atos, não apenas com discurso. Dessa forma, encoraja o comprometimento, amplificando as crenças e os valores que expressa. Costuma falar utilizando metáforas, analogias e histórias da organização, que são mais bem assimiladas do que a apresentação de estatísticas. A grande sensibilidade para perceber o ambiente lhe permite fazer o melhor discurso para sensibilizar seus ouvintes. Os liderados aceitam a liderança porque valorizam suas qualidades.

8.1.1 PASSOS NECESSÁRIOS À TRANSFORMAÇÃO

Abordando a questão por outro ângulo, o professor John Kotter, da Harvard Business School, diz que os bons líderes logram transformar uma organização porque fazem oito coisas corretamente, e as fazem na ordem certa. Todas as etapas demandam um longo tempo para se consolidar, e a negligência em uma ou mais delas representa erros que prejudicam ou até mesmo impedem o processo de mudança. Kotter destaca os erros que ocorrem em cada etapa:

1 – *Não estabelecer um grande senso de urgência*

Permitir muita complacência quando a situação se apresenta difícil e as pessoas têm que ser forçadas a sair de suas zonas de conforto. Muitos líderes preferem saltar esta parte por temor às resistências que podem surgir, esquecendo-se de que, sem liderança forte, não há transformação.

2 – *Não criar coalizão administrativa*

Não investir esforços para promover o engajamento de todos, sobretudo dos que podem minar a coalizão, seja abertamente, seja pelos bastidores.

3 – *Subestimar o poder da visão*

A visão que conduz a uma iniciativa de mudança precisa ser passível de descrição breve, de alguns minutos, com o objetivo de angariar compreensão e interesse genuínos. Planos e programas não a substituem. As ações das pessoas de maior visibilidade devem ter total coerência com a visão. Durante o processo de transformação, a visão tem as funções de esclarecer a direção-geral, motivar as pessoas a tomar as medidas corretas, por mais difíceis que sejam, e coordenar as ações rápida e eficientemente, mesmo quando estão envolvidos milhares de indivíduos.

4 – *Comunicar a visão de forma ineficiente*

A visão precisa ser comunicada e reiterada obstinadamente.

5 – *Permitir que obstáculos bloqueiem a nova visão*

Os obstáculos precisam ser enfrentados, sob pena de enfraquecimento dos ânimos e consequente prejuízo do processo de mudança. Entre outras coisas, deve-se investir no *empowerment* dos colaboradores.

6 – *Não criar vitórias de curto prazo*

Toda conquista de curto prazo dá provas de que os sacrifícios estão valendo a pena. É uma oportunidade de reconhecimento dos agentes de mudança, sintonização da visão com a estratégia, desencorajamento dos resistentes, manutenção das lideranças e criação de mais motivação ainda.

7 – *Declarar vitória prematuramente*

Essa atitude é capaz de levar a retrocessos, pois os iniciadores podem cometer excessos causados por um otimismo inoportuno, e os opositores podem encontrar formas de minar a consecução dos objetivos.

8 – *Não incorporar as mudanças à cultura*

As mudanças precisam passar para a geração seguinte de gestores. Os comportamentos e atitudes que ajudam a melhorar o desempenho devem ficar entranhados na cultura da empresa.

8.1.2 DEPENDÊNCIA MÚTUA

Na interação com os demais, os líderes dependem de superiores, subordinados, gerentes de outros departamentos, subordinados de outros gerentes, fornecedores, concorrentes, sindicatos, órgãos do governo, enfim, inúmeros públicos, todos com suas particularidades, suas dificuldades, sua falta de tempo. Todo líder precisa ter disponibilidade para ouvir essas pessoas e aprender com elas, colocando-se a serviço da empresa sem individualismos exacerbados. Como a dependência é mútua, o relacionamento requer transparência e conhecimento de si próprio e do outro (pontos fracos, estilo, necessidades etc.).

Conforme a hierarquia das empresas se achata e os colaboradores se tornam mais preparados e mais críticos, aumenta a necessidade de que o líder conte com boa capacidade de persuasão, uma vez que o comprometimento escolhido livremente pelos subordinados é mais efetivo do que uma adesão apenas de fachada.

8.1.3 VISÃO E LIDERANÇA

O termo *visão* surgiu nos anos 1980, quando as mudanças econômicas geraram os inúmeros *downsizings* que minaram a fidelidade dos empregados. A visão enfeixa os rumos que a empresa quer trilhar, suas crenças e seus sonhos. É um aparato que provê linhas-mestras de ação. A declaração de visão não precisa ser original, mas é essencial que seja útil e eficiente no alinhamento de todos.

Formar a visão é um processo complexo que vai além do controle imediato do líder. Envolve diferentes indivíduos e o desenrolar de inúmeros eventos. Entretanto, a motivação do líder é essencial para criar um amálgama entre as visões diferentes e formar consenso. A formulação da visão é fortemente influenciada pelas experiências e habilidades pessoais que ele demonstrar.

Os líderes carismáticos se diferenciam dos demais pela forma como descrevem a visão e como manifestam sua própria motivação. As pessoas aceitarão sua visão, mesmo que ela seja radical, se contiver a promessa de atender às suas aspirações individuais. Quanto mais idealizado for o objetivo defendido, mais discrepante do *status quo* o líder se tornará e, portanto, maior será a atribuição de visão extraordinária que os demais lhe farão.

Em última instância, o líder formula um conjunto de metas futuras que corporificam uma perspectiva partilhada pelos seguidores. Os líderes carismáticos conseguem construir visões altamente relevantes com boa argumentação, instilando os valores, as crenças e os comportamentos necessários. Isso fica evidente quando altos executivos, por exemplo, recusam certas benesses do cargo para demonstrar, com isso, que estão trabalhando em conjunto com toda a equipe e as recompensas não se destinam apenas a si próprios.

8.1.4 *EMPOWERMENT*

Muitas empresas, nessa época turbulenta, enfrentam a exigência de atender, a um só tempo, duas iniciativas opostas: fazer mudança profunda e promover comprometimento e moral elevados. A liderança carismática faz com que os subordinados se sintam poderosos e capazes. Ela oferece expectativas realizáveis que, uma vez concretizadas, causam mais comprometimento ainda. Ao demonstrar confiança na capacidade dos liderados, o líder transformacional eleva seu nível de performance e incute um senso crescente de

CAPITAL HUMANO

responsabilidade e obrigação. Os subordinados respondem a essa confiança por meio de performances excepcionais.

No longo prazo, pode surgir um dilema, pois, à medida que aumentam a autoconfiança e a autonomia do seguidor, diminui o caráter de dependência dele em relação à interação. Nesse novo patamar, o liderado pode, eventualmente, sentir-se abandonado, até que se perceba mais poderoso do que antes e passe a agir com maior segurança e desenvoltura. Nisso reside o caráter *transformacional* da liderança: os liderados internalizam a visão e se tornam mais confiantes em seu próprio poder.

8.1.5   O LADO SOMBRIO DO LÍDER CARISMÁTICO

Ainda que estudos apontem baixa auto-estima em seguidores voluntários de políticos e religiosos carismáticos, tal não acontece obrigatoriamente nas empresas, pois nelas as pessoas não escolhem seus chefes e, em geral, permanecem em seus postos enquanto os gestores entram e saem. Os seguidores de líderes carismáticos na empresa são atraídos por uma identificação construtiva com as habilidades do líder, um desejo de desafio e uma grande vontade de aprender e crescer.

Entretanto, mesmo nas empresas mais modernas, o líder pode também se destacar pelo seu lado negativo: autoritarismo e narcisismo; sede de poder provocada por baixa autoestima; defesa de objetivos que refletem seus interesses pessoais e não os coletivos. Nesse caso, os interesses dos liderados são contemplados apenas na medida em que atendam às necessidades do líder.

Por puro narcisismo, ele pode defender sua visão com otimismo exagerado, colocando aos subordinados objetivos de concretização impossível. Conforme as frustrações se acumulam, o líder inicialmente atribui a culpa a condições externas, mas acaba se voltando contra os liderados. Então, em vez de *empowerment,* produz insegurança, que só faz aumentar a relação de dependência e favorecer a manipulação de ambas as partes.

A liderança carismática sozinha não garante as necessárias mudanças. É preciso também um bom gerenciamento para estruturar, controlar, dar reconhecimento aos demais. Muitos são os que se encantam em exercer um papel de destaque e se esquecem de alimentar o aspecto operacional da liderança. Empenham-se mais em criar uma aura em torno de si do que em cuidar da visão compartilhada pelo grupo. Tal tipo de líder pode parecer, mas não é realmente transformacional, já que não leva as pessoas a patamares de desempenho mais elevados.

8.1.6   RISCO

Independentemente do tipo de liderança exercida – mais operacional ou mais carismática –, mesmo executivos brilhantes, à testa de equipes competentes, estão sujeitos a cometer erros fatais e a levar ao declínio suas empresas ou unidades de negócio. O professor norte-americano Sidney Finkelstein, da Tuck School, instituição que possui um dos dez melhores MBAs dos Estados Unidos, estudou a fundo algumas dezenas de casos de quebra por erro de executivos. Em *Why the smart executives fail*, Finkelstein mostra e analisa os resultados de sua pesquisa, feita com grandes empresas e com ex-executivos de comando conhecidos por desempenhos diferenciados. As causas desses episódios foram todas de natureza humana. Sintomaticamente, os CEOs pesquisados portavam estas características quando à frente de suas empresas:

- Viam-se e às suas empresas como dominadores do ambiente.
- Identificavam-se tanto com a empresa que não havia limites claros entre seus interesses pessoais e os da organização.
- Pareciam ter todas as respostas.
- Exigiam que todos ficassem totalmente comprometidos com suas ideias.
- Eram porta-vozes perfeitos da empresa e quase sempre dedicavam a maioria de seus esforços a gerenciar e desenvolver a imagem corporativa.
- Viam grandes obstáculos como impedimentos temporários a serem removidos ou superados.
- Retomavam sem hesitar as estratégias e as táticas que no passado haviam dado sucesso a eles e às suas empresas.

Os mecanismos para evitar esses deslizes, aconselha Finkelstein, resumem-se a cinco tipos de esforços de autocontrole: (1) testar sempre as suposições, (2) estimular a constituição de equipes sólidas, (3) criar clima de liberdade e estimular as pessoas a dizerem a verdade, (4) apostar em novos líderes, e (5) monitorar os sinais de alerta como se isso fosse sua razão de viver.

Isso nos remete aos passos para gerir mudanças sugeridos por Kotter. Um líder que esteja mais voltado a si próprio do que à realidade objetiva da empresa falha em infundir o senso de urgência e em criar coalizão entre todos os membros da equipe. Não facilita o compartilhamento de uma visão única, que sirva de norte para vencer obstáculos, erra no *timing* para comemorar as vitórias, não reconhecendo pequenos triunfos ou declarando êxitos prematuramente, e, por último, não se dedica para fazer com que a mudança seja incorporada à cultura da empresa.

O exercício da liderança transformacional em harmonia com a transacional leva naturalmente ao *empowerment* dos colaboradores, criando bons mecanismos de prevenção contra os naturais desvios humanos a que todos estão sujeitos. Isso vale para todo tipo de empresa, principalmente para as de grande sucesso, pois quem está no pico corre o risco de cometer erros grosseiros de avaliação. Os ciclos curtos da nova economia exigem que organizações estejam sempre prontas para realizar mudanças na direção correta. E isso só se faz quando há uma liderança verdadeiramente transformacional.

8.2 APRENDIZAGEM ORGANIZACIONAL

Na era dos "tijolos", as mudanças ocorriam em décadas e isso permitia que as organizações e seus recursos humanos acompanhassem de forma lenta e gradual as evoluções do seu setor, da tecnologia e da concorrência. No mundo de hoje, a velocidade e a intensidade das mudanças exigem uma nova postura das empresas. Nesse contexto, a aprendizagem organizacional torna-se vital para as empresas. Processos estruturados que garantam o domínio do conhecimento e sua disseminação por toda a estrutura levam as empresas a se tornarem mais ágeis, mais flexíveis e com mais condições de se reinventarem ou de alterarem as bordas da sua indústria, como destacam Prahalad e Hamel.

8.2.1 GESTÃO DO CONHECIMENTO

Conhecimento é o ato de apreender intelectualmente, de perceber um fato. É o acúmulo e o uso de informações significativas. E o que torna uma informação significativa é a experiência vivida e transmitida. Gerir o conhecimento é, pois, administrar de maneira articulada e intencional os processos de criação, aquisição, codificação, disseminação e assimilação de conhecimentos. É buscar recursos cognitivos externos ou utilizar os recursos internos da organização para que as pessoas extraiam deles o saber mais adequado à ação demandada. Significa atuar em sintonia com a estrutura e a cultura da companhia, agindo ativamente na formação de uma memória organizacional. Implica acompanhar de perto o fluxo do conhecimento, mensurar, classificar, mapear e cuidar das competências, manter pessoal qualificado e tecnologias facilitadoras, orientar a definição dos perfis das pessoas que serão recrutadas e selecionadas, garantir a assimilação de conhecimentos detidos por outros públicos, tendo sempre em mente a estratégia do negócio.

Para um conhecimento ser considerado relevante, é preciso que as pessoas o considerem significativo e valorizem a fonte geradora da informação. Por isso, o incentivo das lideranças leva a uma boa administração do conhecimento. Exemplo disso são as empresas de tecnologia da informação, que promovem um ambiente propício à criação e a discussões, dando suporte para a apreensão de novos saberes. Nessas empresas, a estrutura e as próprias instalações refletem um ambiente facilitador da integração e estimulador do desenvolvimento individual e grupal.

A área de recursos humanos é fundamental para que as pessoas se engajem nos procedimentos formais e informais de transferência de conhecimento. Além do pessoal de RH, os líderes em todos os níveis da empresa têm influência na gestão do conhecimento. Quando são abertos ao debate, quando promovem um ambiente de discussão (em vez de imposição) de ideias, permitem que todos fiquem mais bem entrosados e comprometidos com a visão e os resultados da empresa.

Um dos grandes desafios é passar para toda a organização o *know-how* e as habilidades especiais de pessoas altamente competentes. Em outras palavras, nem sempre é fácil fazer com que determinado conhecimento pertença ao grupo, de tal maneira que a admissão e o desligamento de indivíduos não impeçam que a empresa apreenda o que eles sabem. Essa é uma condição básica para que haja continuidade e aperfeiçoamento das cadeias de valor. Um dos principais problemas na gestão do conhecimento é a tendência das pessoas para reter seus conhecimentos. Mesmo as que não o fazem intencionalmente podem simplesmente não estar motivadas a transferir o que sabem. Isso se verifica tanto no *turnover* quanto na rotatividade interna pelas funções. Outro desafio é administrar de forma inteligente o *turnover*, que é inevitável em algumas indústrias. Nesses casos, é preciso agir para que a própria rotatividade seja um fator de aprendizagem.

8.2.2 ESPIRAL DO CONHECIMENTO

O cientista e filósofo húngaro-britânico Michael Polanyi (1891-1976) notabilizou-se por trabalhos na área científica e também na educação. Um de seus grandes legados foi demonstrar que todo conhecimento tem duas faces obrigatoriamente ligadas: conhecimento explícito (que pode ser transmitido de maneira formal e codificada) e conhecimento tácito (de difícil codificação e expressão, incorporado à experiência individual, carregado de *insights,* palpites, crenças e perspectivas altamente pessoais).

Os autores Nonaka e Takeuchi[3] apoiam-se nessa ideia de Polanyi ao apontarem uma diferença básica entre a visão ocidental e a oriental a respeito da transmissão de conhecimento: o Ocidente considera apenas o aspecto explícito, diferentemente do Oriente, que confere igual peso ao conhecimento encoberto ou tácito. O conhecimento tácito reflete a imagem pessoal que se tem da realidade e do futuro. Suas raízes são as ações, experiências, valores, ideais e emoções de um indivíduo – elementos flexíveis e qualitativos por excelência. O conhecimento tácito tem uma dimensão técnica (a habilidade de um artesão, por exemplo) e uma dimensão cognitiva que molda a percepção. Por ser subjetivo e intuitivo, não pode ser apreendido por métodos sistemáticos ou lógicos, ao

---

[3] NONAKA, Ikujiro; TAKEUCHI, Hirotaka. *The knowledge-creating company.* New York: Oxford University Press, 1995.

contrário do conhecimento explícito. Por isso, a aprendizagem organizacional não pode se restringir a um departamento específico, devendo permear todas as atividades.

Pela afinidade com a cultura oriental, a conceituação de conhecimento explícito e tácito foi abraçada pela maioria das empresas japonesas, na década de 1980, e alcançou também as empresas ocidentais, preocupadas com a enorme capacidade de inovação exibida pelos japoneses, cuja visão de organização foi assimilada por inúmeras empresas no mundo todo.

Se consideradas as duas faces do conhecimento, aprender é um processo de internalização em que as habilidades aprendidas são traduzidas, modificadas e enriquecidas pela convivência, pelo diálogo e pelo aprender fazendo. A socialização cria um campo de interação favorável ao compartilhamento de experiências e visões de mundo. O que é transmitido por livros, manuais e conferências é o conhecimento explícito insuficiente para um real aprendizado.

A conversão entre conhecimento tácito e explícito (e vice-versa), uma prática constante nas organizações, foi investigada de maneira extensiva por Nonaka e Takeuchi. Eles se aprofundaram em teorias de aprendizagem e de comunicação para concluir que, quando bem administrada, a aprendizagem gera uma espiral que se alastra pela empresa, promovendo mais integração das pessoas e suas atividades, aumentando o sentido de equipe e a liberdade criativa. Sua espiral do conhecimento está representada na Figura 8.1.

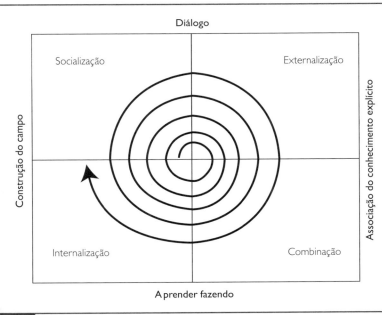

FIGURA 8.1 Espiral do conhecimento

GESTÃO ESTRATÉGICA DE MUDANÇAS CORPORATIVAS

A dinâmica da aprendizagem que promove a espiral tem quatro etapas, reiteradas ao longo do tempo, conforme mostra a Figura 8.2. Na *socialização*, o conhecimento tácito é compartilhado por meio de observação, imitação ou prática. A *externalização* é a conversão do conhecimento tácito em explícito (conceitual). Na *combinação* ocorrem a sistematização e a padronização do conhecimento de maneira a se disseminar pela organização (sistêmico), e na *internalização* há o compartilhamento de novos conhecimentos explícitos, que enriquecem o conhecimento tácito e se tornam operacionais, inaugurando outro ciclo da espiral.

	Conhecimento tácito *em*	Conhecimento explícito
Conhecimento tácito	(Socialização) Conhecimento compartilhado	(Externalização) Conhecimento conceitual
Conhecimento explícito	(Internalização) Conhecimento operacional	(Combinação) Conhecimento sistêmico

do

FONTE: NONAKA, Ikujiro; TAKEUCHI, Hirotaka. *The knowledge-creating company.* New York: Oxford University Press, 1995.

FIGURA 8.2 Conteúdo do conhecimento criado pelos quatro modos

A ambiguidade e a redundância fazem parte da apreensão de conhecimentos tácitos. Em razão de suas características são úteis as metáforas e analogias, o compartilhamento pessoal dos saberes e, sobretudo, a aceitação de conflitos e divergências. As empresas japonesas acolhem plenamente tais incertezas, em especial no desenvolvimento de produtos. O que transita não são apenas informações mas também crenças, imagens da realidade e visões pessoais de futuro. É nesse processo que o conhecimento tácito e o explícito se complementam e se expandem, gerando um conhecimento especial e único, não compartilhado por outras empresas.

8.2.3 COMPETÊNCIAS

Competência, do ponto de vista empresarial, é algo intimamente ligado à estratégia. Os professores Afonso e Maria Tereza Fleury[4] chegam a afirmar que competência é o elo

---

[4] FLEURY, Afonso; FLEURY, Maria Tereza Leme. *Estratégias empresariais e formação de competências:* um quebra-cabeça caleidoscópico da indústria brasileira. 2. ed. São Paulo: Atlas, 2001.

entre conhecimento e estratégia e a definem como "um saber agir responsável e reconhecido, que implica mobilizar, integrar, transferir conhecimentos, recursos, habilidades, que agreguem valor econômico à organização e valor social ao indivíduo".

Competência é feita de atitudes, habilidades e conhecimentos. É saber no que irão acarretar as decisões. Todavia, é mais ainda. Se a empresa é a síntese de suas competências individuais, competência envolve, além da qualificação para o cargo, capacidade para administrar imprevistos, domínio de comunicação e um sentido de prestar serviço a clientes externos e internos. Ter visão estratégica faz parte da competência pessoal. É preciso entender o negócio, sua relação com o setor em que se insere, atualizar sempre as habilidades técnico-profissionais específicas da atividade exercida e desenvolver continuamente as competências sociais que levam à boa comunicação, capacidade de negociação e ao bom desempenho no trabalho em equipe.

Simplificando a ordem das coisas: uma vez definida a estratégia, a empresa identifica as competências essenciais a desenvolver e alinha as competências individuais de maneira a atingir seus objetivos. Investindo em competências, ela busca atrair, reter e desenvolver as pessoas. Assim, favorece sua cadeia de valores e, ao mesmo tempo, promove o desenvolvimento pessoal.

Parte da competência é transferida entre as pessoas nas atividades diárias de uma organização, produzindo resultados definidos pela estratégia da empresa e sustentando sua visão. Nesse sentido, a competência leva à realização pessoal, enquanto também leva à realização da visão da empresa.

A mesma linha que orienta as competências da empresa orienta as competências individuais, pois a empresa resulta da contribuição de cada um de seus componentes, em todos os níveis hierárquicos. A visão – cada vez mais disseminada – da empresa como um portfólio de competências tem mudado substancialmente a gestão de recursos humanos. Em vez de se centrar em cargos e funções, tem focado no desenvolvimento de competências, articulando as atividades e as relações interpessoais dentro do sistema.

Desenvolver competências essenciais, como apontam Prahalad e Hamel[5], é moldar as ações da equipe para gerar benefícios e funcionalidades únicos. É desenvolver um conjunto particular de habilidades e tecnologias que diferenciam a corporação no mercado. A liderança em competências leva à liderança em produtos e modifica as forças de uma indústria.

Ver a empresa como um portfólio de competências tem consequências diretas nas funções de treinamento e desenvolvimento. Em vez de um sistema fixo de educação, há uma tendência em se transferir a educação para os níveis gerenciais. A aprendizagem é

---

[5] HAMEL, Gary; PRAHALAD, C. K. *Competing for the future*. Massachusetts: Harvard Business School Press, 1995.

contínua e orgânica, não obedece apenas a um plano formal de T&D (departamento de treinamento e desenvolvimento). O desenvolvimento de competências decorre da contínua adaptação da empresa ao seu ambiente. Aprende-se fazendo para melhorar a performance do grupo, e não somente para aumentar as qualificações individuais.

8.2.4 CAPITAL INTELECTUAL

A soma do conhecimento de todos em uma organização é o capital intelectual. É o resultado da integração de ativos como o capital humano próprio da empresa (competências dos empregados, conhecimento disponível sobre o ambiente interno e o externo), o relacionamento com clientes, fornecedores, parceiros e comunidades, o capital estrutural (rotinas da produção, patentes, manuais, marcas, sistemas administrativos, bancos de dados, tecnologia, recursos intangíveis, estrutura organizacional) e o potencial de inovação. Gerir com sabedoria o capital intelectual passou a ser visto como importante fonte de vantagem competitiva.

O conceito de capital intelectual foi desenvolvido nos últimos anos diante da crescente valorização do fator humano. Engloba o conhecimento pertencente a cada pessoa e o conhecimento compartilhado. Na nova economia, as empresas têm investido esforços para incentivar nos colaboradores a criatividade e a experimentação, influenciadas pelo sucesso das empresas japonesas. Promovem o trabalho em equipes multidisciplinares e criam condições de convivência para a difusão do conhecimento tácito. Dessa forma, desenvolvem seu capital intelectual, com transparência quanto a conhecimento relevante, visões e metas. Valorizam e investem na diversidade e no autodesenvolvimento de seus indivíduos, além de estimular que eles assumam parte ativa no ambiente externo.

O conhecimento vem sendo considerado fonte de vantagem competitiva. A ideia de capital intelectual surgiu com a nova economia, cujos trabalhadores, voltados para o conhecimento, demandam uma forma mais flexível de gestão. Eles dispensam o atrelamento a locais de tabalho e a jornadas com horários rígidos. Normalmente, esse tipo de mão de obra tem melhor desempenho em estruturas organizacionais mais achatadas e de participação ativa de todos os níveis nos processos decisórios. Ficará na empresa quem se sentir pessoalmente envolvido com seus objetivos. Reter esses trabalhadores com atividade eminentemente intelectual, *knowledge workers* no dizer de Peter Drucker, depende, cada vez mais, de a gestão do conhecimento ser estimulante.

8.2.5 INTELIGÊNCIA EMPRESARIAL

A empresa necessita conhecer o seu meio para sobreviver nele. Parte do aprendizado que vem de fora da empresa é feita a partir do monitoramento do ambiente, levado

CAPITAL HUMANO

a cabo por profissionais preparados para coletar e organizar as informações com a necessária precisão metodológica. Do seu trabalho resulta um conhecimento claro e objetivo que oferece subsídios nas tomadas de decisão das companhias, tanto corporativas e amplas (como planejamento estratégico) quanto operacionais (marketing, finanças etc.). Ao processo de coleta e interpretação de dados que detecta oportunidades e ameaças dá-se o nome de *inteligência empresarial* (IE), também conhecida como *inteligência competitiva* (IC).

A IE, muito importante no desenvolvimento de inovações, conta com observadores, analistas e, no final da cadeia, com os decisores. Os observadores recolhem dados a partir de inúmeras fontes, por vezes terceirizando as pesquisas. Os analistas decodificam os dados e os confrontam com tendências, riscos e oportunidades, levando as informações organizadas e resumidas aos decisores. Trata-se de um processo básico, um conhecimento de primeira necessidade.

8.2.6 A EMPRESA COMO APRENDIZ

Como o ambiente externo à organização é extremamente variável, repleto de riscos e de oportunidades, contar com a percepção de seus diferentes empregados mantém a empresa flexível e mais capaz de se reinventar sempre que exigido. Se a vantagem competitiva está na agilidade da mudança, nas empresas modernas as pessoas devem aprender bem e rapidamente.

Pensando a organização desse ponto de vista, o professor Peter Senge, do MIT, desenvolveu a ideia das *organizações que aprendem*. Trata-se de "organizações nas quais as pessoas expandem continuamente sua capacidade de criar os resultados que realmente desejam, onde se estimulam padrões de pensamento novos e abrangentes, a aspiração coletiva ganha liberdade e onde as pessoas aprendem continuamente a aprender juntas"[6]. Segundo Senge, uma organização que aprende está constantemente em processo de adaptação ao meio, aprendendo com base em cinco disciplinas inter-relacionadas: domínio pessoal, modelos mentais, visão compartilhada, aprendizagem em equipe e pensamento sistêmico.

Domínio pessoal é a capacidade que um indivíduo tem de conhecer e focar os seus desejos mais intrínsecos, buscando coerência com eles em todas as suas ações. Quanto maior for o domínio pessoal, mais integração haverá entre razão e intuição, bem como maior será a conexão entre aprendizagem pessoal e aprendizagem organizacional. O

---

[6] SENGE, Peter. *The fifth discipline:* the art and practice of the learning organization. New York: Doubleday/ Currency, p. 141, 1990.

aprender é constante, fundado nos atos de refletir (questionar as próprias convicções) e indagar (especialmente em situações de conflito com o outro). Não se trabalha o domínio pessoal em treinamento compulsório, pois ele vem de decisão íntima. A alternativa mais segura é criar um clima em que buscá-lo seja a norma. Dessa maneira, o aprendizado ocorre durante a realização do trabalho – e não apenas em atividades apartadas da produção.

Modelo mental, como será visto mais detidamente no capítulo seguinte, é o conjunto de pressupostos, imagens e generalizações arraigados que cada um traz consigo e interfere na leitura do mundo. Lidar com os modelos mentais nas empresas é trazer para o exterior a visão interna de cada um e submetê-la a rigorosa análise. Isso demanda ambiente de aceitação e certo desprendimento do indivíduo. Os modelos mentais são subconscientes e, portanto, não explicitados. Muitos não se sustentam quando confrontados com o mundo exterior. Mais do que controlar e organizar, diz Peter Senge, as empresas devem buscar desenvolver os melhores modelos mentais possíveis entre seus colaboradores. Semelhantemente ao que dizem Nonaka e Takeuchi quanto à valorização das duas faces do conhecimento, trazer modelos mentais à luz implica conviver com a ambiguidade, mas provoca inovações institucionais e estimula as pessoas a desenvolverem suas melhores habilidades e virtudes. Esse é o melhor remédio contra políticas em que as pessoas não dizem exatamente o que pensam, de modo a não mudar nada. Desmandos administrativos, por exemplo, costumam ter por parte dos dirigentes um modelo mental de controle sobre os dados e sobre as reações da equipe à sua volta. Eles criam um sistema de defesa interno que é sustentado mais ou menos conscientemente para não verem as consequências dos próprios atos.

Para firmar uma *visão compartilhada*, a empresa deve estimular a criação de visões pessoais. Criar uma "declaração da visão" de cima para baixo não garante o compartilhamento. A visão compartilhada é algo vivo que merece atenção constante dos líderes. A visão a ser compartilhada pode partir do topo ou de qualquer outro nível hierárquico, ou simplesmente surgir em diferentes pontos da hierarquia. Por isso, um líder, seja mais transacional ou mais transformacional, deve ter em mente que a sua visão não é obrigatoriamente a visão de todos. Os atos de indagar e refletir existentes na empresa é que promovem o compartilhamento da visão. Quando ela é de fato compartilhada, as pessoas efetivamente trabalham com o mesmo objetivo. O comprometimento vem por consequência.

A *aprendizagem em equipe* vai além da aprendizagem individual, ela produz resultados extraordinários e traz o crescimento pessoal de todos. Decorre do pensamento reflexivo e da cooperação de muitas mentes em confiança mútua, disseminando a aprendizagem de uma equipe ou unidade para as demais. Dessa maneira, o *empowerment* de um indivíduo resulta no *empowerment* de toda a companhia. Não deve ser negada a existência de modelos mentais e de mecanismos internos defensivos diante de opiniões opostas. Ao contrário, eles devem ser aceitos como parte da convivência, e não como um defeito a ser sanado ou deixado debaixo do tapete.

Um antídoto contra armadilhas dos modelos mentais e barreiras à aprendizagem em equipe é o *pensamento sistêmico,* fator de compartilhamento da visão e do desenvolvimento pessoal. Pensamento sistêmico é o que Peter Senge chama de quinta disciplina, que integra e amplia as outras quatro. De maneira rasa, o pensar de maneira sistêmica é ver, em vez de cadeias lineares, o inter-relacionamento de eventos. É enxergar processos contínuos de mudança, regulados por inúmeros *feedbacks.* Na empresa, a atitude sistêmica favorece a criação de elos de aprendizagem. Seus adeptos advogam que se conhecendo melhor as interligações entre as forças sistêmicas de determinada situação, a discussão objetiva e isenta toma o lugar das críticas negativas.

Algumas deficiências podem impedir um bom aprendizado organizacional: identificar-se demais com o cargo; achar que a culpa é sempre do outro; ter a ilusão de controle; fixar-se em eventos, e não no encadeamento deles; não reagir a mudanças pequenas, graduais; ocultar divergências dentro da equipe, não indagar.

Uma *organização que aprende* todos os dias se pergunta, coletivamente, *quem somos e quem queremos ser.* Está convicta de que errar significa aprender. Há tolerância às falhas, pois elas são vistas como oportunidades de autocrítica e criação. Essa abertura lhe permite renovar-se e realizar ações desafiadoras. Eventualmente, consegue mudar a indústria em que está inserida, a partir da sua maneira única e eficiente de produzir, na linha do que recomendam Hamel e Prahalad.

8.2.7 PARÂMETROS DE APRENDIZAGEM

Aprendizagem consiste na aquisição e no desenvolvimento de conhecimentos e formação de memórias. Na era da informação, novos produtos e novas empresas entram nos mercados diariamente, os concorrentes se aperfeiçoam, os clientes têm amplas condições para fazer comparações antes de comprar e os fornecedores também têm seu poder de barganha cada vez mais forte. Nesse cenário, uma companhia precisa aprender com o ambiente externo e ganhar experiência com os erros próprios e dos outros. Mesmo que queira apenas manter-se como está, a organização precisa aprender, pois são constantes as mudanças ao seu redor e no seu interior. Mais do que nunca, o sucesso depende da capacidade de aprender rápida e eficazmente.

As grandes corporações, com suas estruturas importantes de recursos humanos, promovem tanto a aprendizagem organizacional quanto a individual de maneira consistente. No entanto, inúmeras companhias, por deixar esse aspecto de lado, acabam perdendo muito conhecimento e, como consequência, não desenvolvem adequadamente suas vantagens competitivas ou deixam que elas se enfraqueçam ao longo do tempo.

A estratégia determina quais competências são essenciais ao negócio e que tipo de conhecimento é necessário à organização. Quanto melhor e mais sistematicamente for gerida a aprendizagem, mais a empresa ajustará suas cadeias de valores e desenvolverá vantagens competitivas.

Aprender acontece obrigatoriamente em qualquer grupo social, em múltiplos níveis. Novos comportamentos são criados conforme a experiência se converte em novos pensamentos, sentimentos, habilidades, atitudes e valores. Nas empresas, os esforços de aprendizagem determinam a manutenção ou a melhoria de processos e produtos, a partir das experiências adquiridas nos ambientes interno e externo[7].

A empresa aprende com as tendências macro e microeconômicas, com seus parceiros, empregados, compradores. A transferência de conhecimento se dá de maneira formal ou informal, por meio de treinamentos específicos ou nas próprias interações entre colaboradores ou entre estes e os diferentes públicos relacionados com a companhia. A inovação é uma ótima fonte de aprendizagem, além da imitação e da constante reflexão sobre a experiência própria e de outros, incluindo os enganos e acertos. A aprendizagem constante traz mais competitividade porque leva a corporação a fazer planejamentos mais adequados, acompanhar mais eficientemente as oscilações do meio ambiente, desenvolver produtos mais ajustados a seus públicos.

Sabe-se que diferentes empresas têm diferentes estilos de aprendizagem. Entretanto, alguns balizamentos são úteis para todas. Dentro de uma grande amostragem pesquisada, os especialistas DiBella e Nevis[8] listaram 17 parâmetros básicos que, de uma maneira ou de outra, estão sempre presentes.

Deram o nome de *orientações para aprendizagem* a sete tópicos que descrevem o estilo, a forma e o conteúdo da aprendizagem. Esses tópicos retratam o modo e o local em que ocorrem a aquisição, a disseminação e o uso do conhecimento, refletem o que é aprendido ou o que se deseja aprender, bem como revelam onde se está investindo em relação à aprendizagem. São estas as sete orientações para aprendizagem – cada uma representa dois polos opostos e todo o gradiente de variações entre eles:

1 – Fonte de conhecimento – externa ou interna à organização.

---

[7] DIBELLA, Anthony J.; NEVIS, Edwin C. *How organizations learn:* an integrated strategy for building learning capability. San Francisco, California: Jossey-Bass, 1998.

[8] DIBELLA, Anthony J.; NEVIS, Edwin C. *How organizations learn:* an integrated strategy for building learning capability. San Francisco, California: Jossey-Bass, 1998.

2 – Foco conteúdo-processo – diz respeito ao conteúdo dos produtos oferecidos ou ao processo de oferecê-los.

3 – Reserva de conhecimento – conhecimento de domínio do indivíduo ou da organização.

4 – Modo de disseminação – formal ou informal.

5 – Escopo da aprendizagem – aperfeiçoamento de capacidades ou produtos já existentes, em oposição a desenvolvimento de novos produtos e novas capacidades.

6 – Foco na cadeia de valores – aprendizagem mais centrada no processo de produção ou na comercialização.

7 – Foco na aprendizagem – desempenho individual ou grupal.

Os outros dez parâmetros, chamados *fatores facilitadores*, são aspectos que favorecem uma aprendizagem efetiva, funcionando como catalisadores. A qualidade do processo depende da competência da organização nesses aspectos e da intensidade com que ocorrem. Segundo os autores, dificilmente uma empresa apresenta todos os dez fatores, que aludem a práticas ou condições essenciais para que o aprendizado ocorra. São eles:

1 – Investigação imperativa – busca de informações a respeito do ambiente externo e sobre procedimentos e condições que ocorrem fora da própria unidade.

2 – Defasagem de desempenho – percepção de discrepância entre o desempenho desejado e o real. Esse fator nem sempre é fácil de ser revelado porque os envolvidos podem resistir a vê-lo. Muitas vezes, não há resistência, mas, sim, uma visão equivocada do desempenho. Isso pode resultar de mensuração inadequada, ou de visão linear e não sistêmica da situação, ou ainda da posição confortável de quem gerou bons resultados por um longo período.

3 – Preocupação com medição – medir é um processo de aprendizagem em si, e colocar em xeque a forma de medir é facilitar a aprendizagem organizacional.

4 – Curiosidade organizacional – refere-se à permissão para experimentar novos procedimentos durante os processos, gerando aperfeiçoamento da cadeia de valores. Apesar de ser um fator altamente estimulante à aprendizagem, comporta riscos e implica administrar, e não punir, possíveis erros.

5 – Clima de abertura – erros e problemas representam uma enorme fonte de aprendizagem organizacional que, muitas vezes, fica represada por uma cultura em que as pessoas não se sentem à vontade para dizer o que pensam.

6 – Educação continuada – a própria empresa tem o compromisso de oferecer recursos de primeira linha para a aprendizagem individual e organizacional,

considerando que o processo de aprendizagem nunca tem um ponto de chegada. Em todos os níveis hierárquicos, há sempre o que aprender, seja algo prático e aplicável imediatamente, seja algo mais teórico e aparentemente distante das atividades da empresa.

7 – Variedade operacional – quando os membros de uma organização valorizam a diversidade, facilitam a aprendizagem de diferentes métodos, competências e procedimentos e se preparam melhor para enfrentar imprevistos.

8 – Defensores múltiplos – na medida em que os funcionários são estimulados a criar e experimentar, são apadrinhados por líderes e outros elementos da administração.

9 – Envolvimento das lideranças – o engajamento das lideranças, em todos os níveis, é essencial para que o que foi aprendido seja efetivamente utilizado e assimilado à cultura organizacional. Os líderes devem aprender e aplicar aquilo que desejam que os outros aprendam.

10 – Perspectiva sistêmica – é perceber a interdependência entre as partes do sistema organizacional e aceitar que decorre certo tempo entre ação e resultado.

Cada corporação tem uma combinação particular do conjunto de fatores facilitadores com as orientações para aprendizagem, compondo sua maneira própria de aprender. Para os administradores, analisar a aprendizagem organizacional dessa perspectiva é uma excelente ferramenta.

8.2.8 EDUCAÇÃO CORPORATIVA

A moderna gestão de conhecimento levou as empresas a incorporarem novas abordagens à aprendizagem. Uma das mais revolucionárias é a noção de educação corporativa, essencial neste contexto de ciclos de negócio encurtados, que exige flexibilidade e alta capacidade de aprender. Como resposta, está sendo profundamente modificada a prática de manter a educação como foco exclusivo da área de treinamento e desenvolvimento. Grandes corporações chegam a criar sua *universidade corporativa*, que mantém extensos programas complementares à formação acadêmica. Algumas fazem parceria com universidades e centros tradicionais de ensino para oferecer bons programas de desenvolvimento pessoal e profissional, não apenas para seus funcionários mas também para os demais envolvidos no processo produtivo – clientes, fornecedores, comunidade.

A educação corporativa se utiliza amplamente das novas tecnologias da informação, que favorecem a aprendizagem constante pelo ensino presencial ou a distância. Na

CAPITAL HUMANO

integração entre as atividades da empresa e o trabalho pedagógico, têm papel preponderante os gestores de todos os níveis hierárquicos, pois eles exercem grande influência no desenvolvimento de seus subordinados e no inter-relacionamento entre as diversas ações corporativas. São importantes elementos de estímulo à aprendizagem contínua da organização.

A educação corporativa, fator de disseminação da cultura da empresa, precisa estar atrelada à estratégia do negócio e depende de que a alta gerência assuma o projeto.

8.3 SISTEMA DE REMUNERAÇÃO VARIÁVEL

Assim como os demais aspectos da gestão do capital humano, os modelos de remuneração adotados pela empresa dependem da estratégia do negócio. Dos modelos atuais, a remuneração variável é uma excelente forma para se transformar líderes em empreendedores, na medida em que os motivam a pensar como acionistas, já que seu ganho variável dependerá do lucro e do crescimento da empresa. Essa mudança de postura também torna as equipes mais integradas, as decisões mais rápidas e eficazes, bem como acelera o crescimento e a melhoria de desempenho da empresa.

Há diversas formas de se implantar um sistema de remuneração variável, desde a mais sofisticada, como um programa de *stock options*, até modelos mais simples, vinculando parte do ganho aos resultados. Nos programas de *stock options*, em que os executivos podem optar por comprar ações da empresa durante determinados períodos, a relação do trabalho dos líderes com os objetivos dos acionistas é direta, pois líderes e acionistas ganharão com a valorização das ações.

Em todos os sistemas de ganhos variáveis, busca-se a relação entre as ações das equipes e o resultado desejado pelos acionistas. Portanto, é fundamental que estejam sempre alinhados com as estratégias da empresa e, além de indicadores financeiros, que privilegiem também indicadores de marketing, de processos, de tecnologia e de desenvolvimento pessoal, como é destacado pelo *Balanced Scorecard*, discutido no Capítulo 7.

Um exemplo de programa de remuneração variável que tem sido utilizado com sucesso em muitas organizações é dado nos tópicos a seguir:

A) Define-se uma meta principal de resultado para o exercício (lucro líquido sobre a receita, ou EVA, ou lucro líquido sobre o patrimônio líquido, ou ainda sobre o investimento total). Essa meta será crítica, ou seja, precisa ser atingida ou superada para que a equipe envolvida no programa possa receber a premiação.

B) Definem-se metas e indicadores para cada gerência e lideranças dos setores da empresa. O ideal é estabelecer dois ou três indicadores para cada participante. Tais metas e indicadores, reiterando, devem estar alinhados com os objetivos

GESTÃO ESTRATÉGICA DE MUDANÇAS CORPORATIVAS

estratégicos da empresa. Por exemplo, caso se deseje aumentar a participação de mercado de determinado produto, então o aumento da participação será o indicador do pessoal de marketing e da área comercial envolvida nessa linha de produtos (aumentar a participação de 20% para 25%, por exemplo). Se a prioridade for melhorar a satisfação dos clientes, deverá ser definido um indicador baseado em pesquisas periódicas com os principais clientes para aferir a evolução de suas percepções sobre o produto, a entrega, o pós-venda, e assim por diante.

O ideal é que as discussões sobre o planejamento para o exercício seguinte envolvam toda a organização. Nesse processo serão identificados, além do resultado geral desejado pela empresa, as metas e os indicadores de cada área, conforme o exemplo a seguir:

B.1) *Área comercial*

- Participação de mercado e crescimento por linha de produto, por região ou por equipe de vendas.
- Melhoria da qualidade dos serviços pós-venda e da satisfação dos clientes medida por indicadores pesquisados trimestralmente.
- Desenvolvimento dos supervisores regionais e dos vendedores por meio de programas de treinamento de, no mínimo, 30 horas/funcionário/ano.

B.2) *Área financeira*

- Mudança do perfil da dívida, visando a que pelo menos 70% seja renegociada no longo prazo com, no mínimo, 5 anos para amortização, assim como redução do seu custo médio em 20%.
- Melhoria da eficiência da cobrança, reduzindo o prazo médio de atraso em pelo menos 30%.
- Viabilização de recursos para os investimentos previstos para o exercício com custos e prazos de carência e amortização compatíveis com o perfil do projeto.

B.3) *Área de produção*

- Melhorar a produtividade em 10%.
- Reduzir o índice de perdas em 5%.
- Implantar o programa 5S's[9].

---

[9] Programa concebido no Japão em 1950 por Kaoru Ishikawa para estimular a responsabilidade dos colaboradores. Os cinco "esses" significam *utilização, ordenação, limpeza, saúde* e *autodisciplina* (em japonês, *seiri, seiton, seisso, seiketsu* e *shitsuke*).

CAPITAL HUMANO

B.4) *Área de recursos humanos*

- Aumentar o investimento em treinamento em 20%.
- Reduzir o *turnover* em 10%.
- Implantar plano de carreira.

B.5) *Área de tecnologia da informação*

- Completar a implantação do ERP nas áreas de produção e qualidade.
- Melhorar o desempenho do sistema de gestão de pedidos.
- Realizar o treinamento de toda a equipe sobre o novo ERP[10].

C) Definir critérios para remuneração variável. Um exemplo:

- Será pago um salário para cada ponto percentual alcançado a mais do que o valor orçado, que pode ser o lucro líquido sobre receita líquida de 10%, sem limite superior.
- 50% do prêmio será pago para toda a equipe desde que o resultado seja superior a 10%. Caso o resultado seja igual ou inferior a 10%, ninguém terá premiação, mesmo que sejam atingidas metas individuais.
- 50% do prêmio será pago dependendo do atendimento das metas de cada área.

Nesse exemplo, se o lucro for 13%, o valor máximo da premiação será de três salários. Então, de imediato toda a equipe terá direito a um salário e meio, ou seja, 50% do prêmio. O restante dependerá da meta de cada área, cujo desempenho deve ser avaliado pelo gestor do sistema, alguém da área de RH ou pelas próprias lideranças coordenadas pelo diretor-presidente.

Vale destacar os seguintes aspectos:

- O sistema deve ser simples e acessível a todos os participantes.
- O valor da premiação precisa ser avaliado com base no montante que se quer distribuir. No exemplo, a massa salarial da equipe participante do programa corresponde a 0,2% da receita líquida prevista para o ano, ou seja, a cada ponto percentual a mais no resultado, os acionistas darão 20% para os funcionários e ficarão com 80%.

---

[10] ERP: sistema de planejamento de recursos da empresa.

149

É esperado que o sistema se pague, ou seja, se a empresa conseguir 10% de lucro, como no exemplo, a premiação será paga para resultados acima desse valor.

REFERÊNCIAS

BERGAMINI, Cecília W.; CODA, Roberto. *Psicodinâmica da vida organizacional*. São Paulo: Pioneira, 1977.

BRUCE, Karin. PROQUEST 1998. Can you align it with business strategy? By: BRUCE, Karin. *Strategy & Leadership*. Chicago: Nov./Dec. 1998, v. 26, n. 5, p. 16.

CHANDLER JR., Alfred D. *Strategy and structure*. Massachusetts: MIT Press, 1962.

CONGER, Jay A. *Líder carismático*: o segredo da liderança. São Paulo: Makron Books, 1991.

CONGER, Jay A. PROQUEST 1996. Qualitative research as the cornerstone methodology for understanding leadership. By: CONGER, Jay A. *Leadership quaterly*. Spring 1998, v. 9, issue 1, p. 107.

CONGER, Jay A. *The carismatic leader*. San Francisco: Jossey-Bass Inc. Publishers, 1989.

CONGER, Jay A.; KANUNGO, Rabindra N. *Charismatic leadership in organizations*. California: Sage Publications Inc., 1998.

CONGER, Jay A.; KANUNGO, Rabindra N.; MATHUR, Sanjay. PROQUEST 1997.

CONY, Carlos Heitor; ALCURE, Lenira. *As viagens de Marco Polo*. São Paulo: Ediouro 2001.

DIBELLA, Anthony J.; NEVIS, Edwin C. *How organizations learn*: an integrated strategy for building learning capability. San Francisco, California: Jossey-Bass, 1998.

DIXON, Donald F. PROQUEST 2000.

DRUCKER, Peter. *Desafios gerenciais para o século XXI*. São Paulo: Pioneira, 1999.

DRUCKER, Peter. The new society of organization. *Harvard Business Review*. Boston, Sept./Oct. 1992.

FINKELSTEIN, Sidney. *Why smart executives fail*: and what you can learn from their mistakes. Penguin Group, 2003.

FLEURY, Afonso; FLEURY, Maria Tereza Leme. *Estratégias empresariais e formação de competências*: um quebra-cabeça caleidoscópico da indústria brasileira. 2. ed. São Paulo: Atlas, 2001.

GIBSON, Rowan. *Rethinking the future*: rethinking business, principles, competition, control & complexity, leadership, markets, and the world. London: Nicholas Brealey Publishing, 1997.

HAMEL, Gary. Revamping the Corporation Inside. *Harvard Business Review*. Boston, Sept. 2000.

HAMEL, Gary; PRAHALAD, C. K. *Competing for the future*. Massachusetts: Harvard Business School Press, 1995.

HAMEL, Gary; SAMPLER, Jeff. PROQUEST 1998.

HANKE, Steve H. PROQUEST 1997. Economic freedom, property and equality: a survey. By: HANKE, Steve H.; WALTERS, Stephen J. K. *Cato Journal*. Washington: fall 1997, v. 17, n. 2, p. 117.

KANTER, Rosabeth Moss. *Evolve!* Massachusetts: Harvard Business School Press, 2001.

CAPITAL HUMANO

KOTTER, John P. *Leading change*. Massachusetts: Harvard Business School Press, 1996.

KOTTER, John P. *O fator liderança*. São Paulo: Makron Books, 1992.

LAPP, Janet E. PROQUEST 1999.

LEWIS, Len. PROQUEST 1998.

MADIGAN, Kathleen. PROQUEST 1998.

MOSCOVICI, Fela. *Renascença organizacional*. São Paulo: José Olympio, 1993.

NADLER, David A.; TUSHMAN, Michael L. *The leader's companion*: insights on leadership through the ages. New York: The Free Press, 1995.

NONAKA, Ikujiro; TAKEUCHI, Hirotaka. *The knowledge-creating company*. New York: Oxford University Press, 1995.

PASCALE, Richard T.; MILLEMAM, Mark; GIOJA, Linda. *Surfing the edge of caos*. New York: Crown Business, 2000.

PILLAI, Rajnandini. PROQUEST 1995.

SCHUMPETER, Joseph A. *Capitalism socialism and democracy*. New York: Harper & Brothers, 1942.

SCHUMPETER, Joseph A. *Essays on entrepreneurs, innovations, business cycles, and the evolution of capitalism*. New Jersey: Transaction Publishers 1989.

SENGE, Peter. *The fifth discipline*: the art and practice of the learning organization. New York: Doubleday/Currency, 1990.

STEYRER, Johaness. PROQUEST 1988.

VRIES, Kets de; MANFRED, F. R. *Liderança na empresa*. São Paulo: Atlas, 1997.

CAPÍTULO 9

TOMADA DE DECISÃO

É POSSÍVEL FALHAR DE VÁRIAS MANEIRAS... ENQUANTO ACERTAR SÓ É POSSÍVEL DE UMA MANEIRA.
(Aristóteles, 384 a.C.-322 a.C.)

Tomar decisão é correr risco. É a tarefa mais nobre do administrador e também a mais difícil. É fazer inferência a partir de dados insuficientes, obter comprometimento de defensores e opositores em relação ao caminho escolhido, é colocar em jogo pessoas, interesses, altas somas de dinheiro e a própria carreira.

Longe de ser uma simples questão de abastecer de números um algoritmo fixo em uma ponta e pegar o resultado em outra, decidir implica equilibrar racionalidade com criatividade. Se todos os dados fossem conhecidos, não seria necessário tomar uma decisão. Administração não é uma ciência exata e decidir não é uma operação exatamente científica.

No ambiente competitivo em que vivemos, é fundamental evitar decisões erradas, e, frequentemente, soluções que já se mostraram eficazes não servem mais. Ainda que a ciência tenha preparado modelos, classificações e teorias, a tarefa de tomar decisão exige muita análise e arte. Nela também se aplica a ideia de *artência*, termo que vem sendo usado para exprimir o amálgama entre arte e ciência.

Um bom tomador de decisão era visto, até há pouco tempo, como uma pessoa racional que avaliava objetivamente os dados coletados de uma determinada amostra, pesava as probabilidades, os riscos e as boas oportunidades e, como se consultasse os deuses, elegia a melhor alternativa para todos seguirem.

Ultimamente, algumas constatações estão desfazendo essa fantasia de poder: a amostra passível de coleta pode não ser a mais representativa de um universo, os cenários futuros comportam boa dose de imponderabilidade, os riscos surgem de onde menos se espera e as oportunidades são acessadas igualmente pelos concorrentes. E, para complicar, o suposto ser racional que resolve tudo está sujeito a graves erros no processamento mental.

Por décadas, os especialistas decidiram de maneira brilhante, determinando as relevâncias com clareza, precisão, acurácia, consistência e profundidade. O passado mostrava de uma maneira abrangente o que seria o futuro, refletindo metaforicamente o tradicional conceito de evolução de Charles Darwin[1]. Não havia muita variação nas decisões, era só aplicar certa taxa de crescimento linear e todos os dados se encaixariam. Contrariamente, diante da ruptura e da descontinuidade que dominam nos mercados de hoje, tornando as experiências passadas irrelevantes para definir o futuro, surge uma questão crucial: Como decidir? Como escolher a melhor alternativa quando uma companhia dorme Kodak, líder do mundo das imagens, competindo com empresas químicas do seu segmento, e acorda concorrente da Nokia, do segmento de celulares, hoje a maior fabricante de máquinas fotográficas do mundo?

FIGURA 9.1 Informação

FIGURA 9.2 Informação + analogia + inferência + *insight* + etc.

---

[1] Ver Capítulo 2.

TOMADA DE DECISÃO

FONTE: Cia. Ativadora de Negócios.

FIGURA 9.3 A falsa crença de que o mundo que vemos é o mundo real

Como se conclui das Figuras 9.1 e 9.2, o que parece ser uma coisa, se analisado à luz de um cenário, pode ser outra bem diferente em outro cenário.

Recolher amostras de um universo mutante e complexo é, em si, uma dificuldade adicional. Além de colher informações em separado, há que se considerar a combinação dessas informações no contexto. Nessa *complexidade irredutível* (ver Capítulo 2), o pensamento analítico não é suficiente para o entendimento do todo. Entretanto, "navegar é preciso", como disse o poeta. Os gestores não podem ficar parados, aguardando que as soluções apareçam.

Como as fontes de risco aumentaram e, com elas, as margens de erro, a tomada de decisão deve ser alimentada por diversas fontes, além do mero *feeling*. É preciso haver diversidade de análise, embate de ideias, diferentes modelos mentais, revisão das fontes e das próprias informações. É necessário um método mais amplo do que o dedutivo, simplista demais para os dias de hoje. Uma visão holística deve tomar o lugar do pensamento convencional.

Muitos erros têm sido cometidos pelos gestores por não considerar um número suficiente de opções, por não se aprofundar o necessário na avaliação, por cair na fantasia de achar que cuida de um evento isolado, totalmente controlável, e por inúmeros outros motivos. A experiência mostra que decidir não é um fato pontual e à parte das circunstâncias organizacionais e microeconômicas.

Há pessoas que tomam decisões superficialmente, com total segurança a respeito daquilo que desconhecem, não raro despreparadas ou arrogantes demais para verem quando estão em campo minado. Há quem decida no último minuto possível, deixando loucos todos os seus pares, subordinados e superiores. Existem também os que preferem não correr riscos, como se isso fosse possível em determinados cargos. Entretanto, a própria *destruição criativa*, expressão genial de Schumpeter, encarrega-se de fazer as mudanças.

Felizmente, é possível preparar e formar pessoas para tomar decisões de maneira adequada ao ambiente atual de negócios. As próximas páginas trazem ideias e ferramentas para ajudar nessa tarefa.

9.1 O PROCESSO NEUROLÓGICO

Pesquisas recentes em neurociência demonstram que os cérebros humanos têm em comum alguns padrões e características, apesar da grande quantidade de diferenças individuais, moldadas pela história pessoal e pela visão particular de mundo. O desenvolvimento técnico chegou a uma grande precisão no estudo do cérebro em funcionamento, o que permite maior compreensão de como pensamos. Técnica recente de ressonância magnética possibilita o mapeamento das atividades sensoriais e motoras do cérebro de maneira não invasiva, com alta precisão.

Experimentos científicos recentes demonstram que o cérebro parece não distinguir entre uma imagem efetivamente vista, formada na retina, e uma imagem evocada. Além disso, a mente supre a imagem real com ligações e detalhes que estão ausentes, fechando o quadro percebido. Para uma mesma realidade, dois observadores veem coisas totalmente diferentes, pois cada um completa o quadro segundo seu mundo interno. O que varia de observador para observador é a percepção, não o objeto do olhar.

9.1.1 MODELOS MENTAIS

O que chamamos de realidade objetiva é o que o cérebro acredita ser real. Um conjunto de pressupostos, altamente influenciado pelas nossas crenças e experiências anteriores, completa as informações que recebemos do ambiente, não raro esparsas e fragmentadas. Além da herança genética, certos fatores não físicos também atuam sobre a estrutura física do cérebro. A ciência tem concluído que a educação e a convivência em sociedade interferem na própria organização dos neurônios. Os estudiosos também deduzem, a partir de evidências, que o processo cognitivo não é passivo, mas, sim, gerador da realidade. As complexas atividades dos neurônios envolvidas na apreensão do mundo criam uma representação individual, que tem recebido o nome de *modelo mental*.

TOMADA DE DECISÃO

Esse conceito, já bastante difundido, vem recebendo definições diferentes desde que o psicólogo escocês Kenneth Craik, em 1943, escreveu que a mente produz modelos em pequena escala para lidar com os eventos[2]. Os modelos mentais são tão profundamente incorporados, seja individualmente, seja em grupos, que, muitas vezes, nem são notados.

Essas verdadeiras ilusões internas desempenham uma função importante no trato com a realidade e são benéficas em muitos aspectos. Causam problemas se permanecerem ativas quando não mais se ajustam à realidade, impedindo que uma visão mais acurada se estabeleça. Como é sob as limitações dos modelos mentais que tomamos decisões, temos de questioná-los continuamente para uma melhor performance. O primeiro passo é tomar consciência da sua existência. A Figura 9.4 resume o eterno esforço de aprender, desaprender e reaprender.

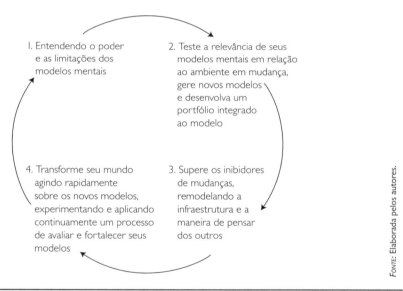

FIGURA 9.4 A força dos modelos mentais

Na turbulência do mundo atual dos negócios, é crucial que os administradores cultivem a capacidade de perceber e modificar seus pressupostos, adotando premissas novas diante de tantas e tão rápidas mudanças. Cada um dos opostos será considerado certo ou errado a depender das circunstâncias, enquanto o apego a um determinado modelo pode resultar em paralisia.

---

[2] CONGER, Jay A. PROQUEST 1996. Qualitative research as the cornerstone methodology for understanding leadership. By: CONGER, Jay A. *Leadership quaterly*. Spring 1998, v. 9, issue 1, p. 107.

Em muitas situações, fica-se indeciso entre manter a determinação ou recusar-se a ver a realidade. Como saber se determinado modelo mental deve ser mantido ou modificado, e, por sua vez, como saber se a defesa de uma nova visão não passa de uma fuga da realidade? Como diferenciar? Pode-se cometer o erro de ficar apegado ao modelo antigo, enquanto o mundo à volta se transforma – o que pode levar um organismo ao colapso –, ou abandonar um modelo que era adequado e apegar-se a um equivocado – o que também pode levar ao colapso.

Para transformar os modelos mentais e evoluir com eles, é preciso aceitar quando um velho modelo começa a falhar em várias frentes e prestar atenção a pequenas diferenças que podem surgir na sua aplicação. O habitual é que as pessoas neutralizem as imperfeições que veem, sem se darem conta de que essas imperfeições podem justamente refletir alguma inadequação do modelo adotado.

Quanto maior a convicção de estar no modelo certo, mais necessário é observar as imperfeições, buscando ângulos diferentes de visão e, assim, evitando um bloqueio cognitivo. É importante estudar os "quase erros" nos sistemas, que não chegam a provocar acidente, mas trazem informações sobre pontos falhos a serem tratados. Não apenas os erros de avaliação de mercado, mas também os acidentes, em geral, decorrem de uma série de "quase erros" que foram negligenciados.

Acompanhar alguns aspectos previamente escolhidos como significativos deixa de fora outros aspectos tão ou mais significativos. É assim que são plantados muitos erros crassos na tomada de decisão. A força dos modelos mentais atrai e distorce a visão. A empresa, por meio de suas pessoas, necessita fazer um esforço diário para não ver o mundo apenas pelo seu olhar particular. Para isso, as corporações contam com verdadeiros sensores que detectam o nível de adequação do modelo mental: ligações recebidas pelo Serviço de Atendimento ao Cliente (SAC), atritos com empregados, fidelidade de clientes e comportamento dos fornecedores. Mesmo assim, é bom lembrar, a dúvida deve ser um exercício constante, uma vez que os próprios sensores são concebidos segundo cenários pré-desenhados e, portanto, dependem dos modelos mentais.

A companhia que coloca seu modelo mental à prova procura olhar com os olhos do cliente, acompanhar as mudanças do ambiente e não se deixar influenciar por modismos. Para desenvolver a habilidade de encontrar novas perspectivas, é bastante útil cultivar o hábito de olhar uma situação simultaneamente de perto e de longe, fazendo análises rigorosas e, depois, análise das análises, classificando e priorizando. Ao olhar de longe, escapamos da fixação cognitiva e nos permitimos compreender modelos mentais de outros grupos ou pessoas. Essa é a essência do que se costuma chamar de *zoom in* e *zoom out*.

Um olhar diferente a uma circunstância dada pode gerar novos usos para ferramentas e dispositivos já conhecidos. Foi o que ocorreu no surgimento do portal Youtube, cujos criadores nada mais fizeram do que viabilizar a qualquer pessoa a divulgação de seus vídeos. Colocaram por terra o modelo mental de que publicar videoteipe era privilégio de poucos. E essa foi a menor das mudanças que eles provocaram.

9.1.2 PERCEPÇÃO E MEMÓRIA

"Pesquisadores solicitaram a integrantes do grupo de teste que contassem quantas vezes os jogadores de camisetas brancas rebatiam a bola de um lado para o outro em um vídeo. A maioria deles estava tão concentrada em observar as camisetas brancas que não percebeu um gorila preto que passeou pelo cenário e fez uma parada no meio para bater no peito. Estavam tão envolvidos em seu trabalho que nem mesmo viram o gorila."[3]

Nossas crenças e expectativas, somadas ao contexto, comandam e selecionam o que percebemos, como atestam psicólogos, professores, vendedores, mágicos, artistas, pais, filhos. É quase impossível percebermos algo de maneira totalmente isenta.

Também foi constatado por estudos detalhados que nossas lembranças não são fotografias objetivas dos fatos vividos. A memória é tão seletiva quanto a percepção, e não funciona como um banco de dados de computador, objetivamente disponível e acessível na forma original. No momento em que evocamos um fato, nós o reconstruímos. Um exemplo: quando uma pessoa relembra uma cena que viveu e nisso se vê atuando, ela está, no mínimo, distorcendo o ângulo em relação à percepção inicial, em que era participante, e não observadora da cena.

Estudos demonstram que colorimos fatos passados segundo o que vivemos no presente, ou seja, a memória inventa e se amolda às necessidades. Além disso, percebemos com mais nitidez o que é mais próximo e com menor nitidez o que é mais distante. E, para uma mesma situação, lembramo-nos melhor do que foi mais dramático e esquecemos os detalhes mais pálidos.

Portanto, na mesma medida em que a experiência passada nos ajuda a compreender a situação presente, cria vieses de interpretação. Para que seja verdadeiramente útil nas tomadas de decisão, devemos colocá-la em dúvida. Desvios de tal natureza são mitigados quando a lógica individual é exposta a confronto. É preciso examinar e cruzar os fatos anteriores, listando pontos em que a solução antiga se encaixaria e pontos em que não se encaixaria na situação presente.

---

[3] GERALD, Edelman. A força dos modelos mentais. *Universe of consciousness:* how matter becomes imagination. New York: Basic Books, 2000.

GESTÃO ESTRATÉGICA DE MUDANÇAS CORPORATIVAS

Em experimento controlado[4], uma cena filmada mostrando um acidente de automóvel foi apresentada a 45 estudantes, que depois foram separados em subgrupos para responder a questões simples a respeito do que viram. Solicitou-se que avaliassem a velocidade dos carros na hora do choque. Para diferentes subgrupos, foram utilizados diferentes sinônimos para o verbo colidir (expressões como "fizeram contato", "se tocaram", "se chocaram", "trombaram", "deram uma pancada"). Nas respostas dos estudantes, as expressões mais suaves corresponderam a velocidades menores e mais fortes foram relacionadas às estimativas mais altas.

Os mesmos subgrupos responderam se viram cacos de vidro na cena (o filme não apresentava vidros se quebrando). Consistentemente, nos subgrupos que ouviram na pergunta as expressões mais fortes, mais indivíduos disseram ter visto os cacos.

Diante dessas limitações humanas, aos administradores de empresa não resta senão aceitar que também estão sujeitos às armadilhas de percepção e memória. Fazer uma pausa na tomada de decisão para procurar tais armadilhas com desassombro pode ser um antídoto. Assim como faz um pesquisador social, um gestor deve desenvolver o hábito de se perguntar: Estou sendo realmente objetivo? Até onde estou conduzindo tal solução exclusivamente por *feeling*, sem me colocar sob suspeita?

9.2   OBJETIVIDADE FRACA

9.2.1   INFLUÊNCIA SOCIAL

Por sermos de natureza social, nossos julgamentos e decisões podem ser distorcidos pelos modelos mentais da nossa comunidade, sem que tomemos consciência do processo. Como em um teatro, as pessoas pegam suas "deixas" a partir do comportamento das demais. A comparação e a conformidade ao grupo, tão constantes na vida em sociedade, exercem grande influência na nossa percepção e alteram o julgamento de um indivíduo, conforme demonstraram estudos clássicos em psicologia.

Em uma experiência controlada, grupos de pessoas receberam uma tarefa simples que consistia em apontar, entre três linhas paralelas bem distintas, uma que fosse igual a um modelo. Todos acertavam as respostas, exceto quando se colocavam pessoas para responder errado. Quando só uma pessoa exercia esse papel, a influência era pequena. Porém, três pessoas respondendo errado provocavam uma quantidade significativa de erros nas respostas do grupo todo[5].

---

[4]   PLOUS, Scott. *The psychology of judgment and decision making*, relato de experiência conduzida por Beth Loftus e John Palmer.

[5]   PLOUS, Scott. *The psychology of judgment and decision making*, citação de experimentos feitos por Solomon Asch.

Esse tipo de desvio nos remete ao conhecido fenômeno do *pensamento grupal*: em grupos altamente coesos e relativamente isolados de agentes externos, a lealdade e a pressão para a conformidade podem ser tão altas que ultrapassam as individualidades além de um ponto razoável e predispõem seus integrantes a tomar decisões absurdas. São sintomas comuns de pensamento grupal:

- ilusão de invulnerabilidade, que leva a excesso de otimismo e tomada irrefletida de riscos;
- reforço coletivo na racionalização e desconsideração de alertas;
- crença inabalável na moralidade coletiva;
- visão estereotipada e negativa dos adversários;
- pressão declarada sobre os membros discordantes;
- ilusão compartilhada de unanimidade;
- autocensura em relação aos possíveis desvios do consenso;
- criação de salvaguardas mentais individuais que protegem o grupo de informações desafiadoras.

Mesmo sem chegar aos limites extremos, como é bem sabido pelos *experts*, todo grupo apresenta tendências genéricas que devem ser olhadas com desconfiança. Por exemplo, percebemos os elementos de nosso grupo como mais variados (em temperamento, ponto de vista etc.) do que os elementos de outros grupos, que nos parecem mais homogêneos. Tal fenômeno está intimamente relacionado com a perpetuação de estereótipos e preconceitos. Outra característica comum é que as discussões internas, muitas vezes, apenas fazem amplificar posições preexistentes.

Sendo o decisor um ator social em grande afinidade com seu grupo, ele precisa desenvolver mecanismos de proteção contra o pensamento grupal, encorajando a dissensão e a crítica (inclusive contra ele próprio), abstendo-se de declarar preferências pessoais, submetendo questões a outros grupos e outras lideranças, bem como convidando elementos externos para desafiar os consensos do grupo.

9.2.2 O PARADOXO DO HOMEM RACIONAL

A *teoria da utilidade esperada*, apresentada por John von Neumann e Oskar Morgenstern em 1947, oferece predições matemáticas para decisões a serem tomadas em bases racionais e lógicas, que levam ao melhor resultado possível, ou seja, maximizam a utilidade esperada. Sendo um modelo normativo, seu objetivo é apontar a melhor opção do ponto de vista meramente lógico. Ela não descreve como as pessoas efetivamente decidem, com todos os seus vieses heurísticos – suas avaliações "quase" objetivas dos dados disponíveis. A teoria da utilidade esperada foi seguidamente comparada com o que se verificava na realidade, sofreu modificações e, mesmo assim, continuou apresentando sensíveis discrepâncias em relação à experiência prática. Por causa desses problemas, nunca foi totalmente aceita entre os pesquisadores. Seus princípios básicos lembram a fantasia que muitos gestores fazem a respeito de sua forma de tomar decisão. São eles:

- *Ordenação das alternativas.*
- *Invariância* – com elementos iguais, chega-se a decisões iguais.
- *Dominância fraca ou forte* – uma estratégia tem dominância fraca quando leva a resultado melhor em pelo menos um aspecto, enquanto em todos os demais aspectos leva a resultados semelhantes, e tem dominância forte quando leva a resultados melhores em todos os aspectos; um resultado "melhor" significa resultado "mais útil".
- *Cancelamento* – alternativas que levam a resultados semelhantes não pesam na escolha entre duas ou mais opções, mas, sim, as que levam a resultados diferentes.
- *Transitividade* – se um resultado A for melhor que o resultado B, e B for melhor do que C, então o resultado A é melhor do que o resultado C.
- *Continuidade* – quando o resultado melhor é o mais provável, prefere-se correr o risco entre a melhor e a pior possibilidade, e não optar por uma possibilidade certa, porém intermediária.

Os princípios do *cancelamento* e da *transitividade* foram contestados de muitas formas por outros pesquisadores. O fato de as pessoas violarem esses princípios não significa que elas sejam irracionais, só demonstra a existência de fatores psicológicos não contemplados pela teoria.

Ao contrário das teorias normativas, os modelos descritivos de tomada de decisão têm como objetivo descrever, e não prescrever, os mecanismos pelos quais as pessoas fazem suas escolhas. Eles postulam, por exemplo, que as pessoas buscam satisfazer suas necessidades mais importantes em vez de procurar exaustivamente por todas as alternativas para, só então, avaliar qual é a melhor.

A *teoria do prospect*, modelo descritivo desenvolvido por Daniel Kahnemann e Amos Tversky (1979), representa um avanço em relação à teoria da utilidade esperada na medida em que prediz com muito mais aproximação as tendências de escolha. Bem-aceita entre os estudiosos, substitui a noção de *utilidade* pela de *valor*, definindo-a segundo o peso dado a ganhos e perdas. Conforme testado em experimentos controlados, uma quantia idêntica em dinheiro, por exemplo, é sentida como maior se entrar como débito do que se entrar como crédito. É fato mais que conhecido a assimetria entre o valor percebido do que se quer vender e o valor percebido do que se quer comprar.

COMO AS PERGUNTAS AFETAM AS RESPOSTAS

A *teoria dos prospects* contradiz o princípio da *invariância,* postulado pela teoria da utilidade esperada, quando demonstra que a formulação da pergunta influencia a resposta (para dados iguais, as decisões podem ser diferentes). Questões a respeito de saúde que mostram dados estatísticos, por exemplo, eliciam uma resposta quando utilizam porcentagem de mortalidade e outra resposta quando a porcentagem é de sobrevivência, e ambas contêm a mesma informação.

Além disso, tanto a ordenação das palavras dentro da pergunta quanto a ordem e a estruturação das perguntas produzem efeito significativo no entrevistado, fenômeno bastante conhecido pelos pesquisadores de opinião. As perguntas afetam as respostas na medida em que oferecem um contexto para a percepção e, portanto, para o julgamento.

Outro fator a ser considerado para se obter informação fidedigna é: quando é pedida a opinião dos entrevistados, uma boa porcentagem responde mesmo sem saber do que se trata. Inseguros sobre um assunto, eles escolhem a opção mais socialmente aceitável.

As boas empresas de pesquisa utilizam técnicas específicas para contornar esses desvios e prover dados fidedignos. Da mesma forma, os administradores precisam atentar para a possibilidade de distorção nas respostas quando fazem consulta direta e informal a clientes, pares e subordinados. Respostas distorcidas levam a conclusões distorcidas e, por isso, a decisões erradas.

9.3 A HEURÍSTICA E SEUS DESVIOS

A mente, ao contrário do computador, não processa extensivamente todos os dados antes de decidir. Há uma maneira humana de entender e de agir sobre o mundo. A visão cartesiana do indivíduo está equivocada. Ninguém avalia com total lógica. Para decidir, o ser humano utiliza a heurística, que, embora funcione muito bem, quase sempre está sujeita a desvios e pode levar ao erro grosseiro. Heurística, segundo o *Dicionário Aurélio*, significa "o conjunto de regras e métodos que conduzem à descoberta, à invenção e à resolução de problemas". Os desvios heurísticos não são necessariamente bons ou ruins, mas apenas interferências importantes na tomada de decisão, alguns dos desvios mais comuns são:

- *Falsa representatividade* – imaginar uma correlação entre fatos que não estão obrigatoriamente correlacionados.

- *A lei dos pequenos números* – contrariando a regra estatística segundo a qual quanto maior a população estudada, mais próximo o resultado estará de representar toda a população, a lei dos números pequenos se ancora na falsa crença de que poucos sujeitos efetivamente representam uma população toda.
- *Volta à média* – em uma série de resultados (como notas escolares, número de gols em partida de futebol etc.), é natural que, após um escore muito alto ou muito baixo, o número seguinte volte para a média estatística. O desvio heurístico está em atribuir essa volta a alguma circunstância fortuita e fixar-se nessa explicação como se fosse uma lei geral, sem considerar que uma série anterior de resultados não interferirá nos resultados futuros.

É prudente levar em conta a possibilidade de erros de avaliação quando se desenham cenários futuros. Quanto mais geral for o cenário, melhor, pois o detalhamento excessivo aumenta as chances de que ele não ocorra. A seguir, são descritos outros desvios de avaliação.

9.3.1 A HEURÍSTICA DA DISPONIBILIDADE

Um erro heurístico é considerar que alguns eventos ocorrem com mais frequência só porque estão mais frescos na memória, ou são mais palatáveis do que outros, ou, ainda, porque trazem mais emoção. A estimativa de probabilidade é influenciada pelo grau em que um resultado é considerado positivo ou negativo. Quando um resultado é difícil de ser imaginado, costuma-se erroneamente avaliar para menos a probabilidade de que aconteça.

Ao estimar a probabilidade e o risco de que determinada situação se configure, os tomadores de decisão devem ter alguns cuidados para se protegerem contra distorções nos julgamentos, mantendo uma base de dados bem acurada e atentando para o *wishful thinking*, sem superestimar nem subestimar cenários segundo o desejo de que eles ocorram ou não. Ao definir se há correlação entre determinados eventos, é melhor, antes, perguntar-se se os dados vêm das observações ou das expectativas.

Ao tomar uma decisão, é preciso que o foco não esteja só nos casos positivos. O não aparecimento de uma contingência pode ser até mais significativo do que seu aparecimento. Eventos compostos, que envolvem múltiplas variáveis, às vezes podem ser desmembrados em uma série de eventos simples, quando estes forem estatisticamente independentes.

Outros fatores heurísticos pesam na tomada de decisão:
- *Ancoragem e ajuste* – Chama-se de âncora o valor inicial. A âncora atribui um valor de referência, que nem sempre fica claro na hora de julgar, mas é um grande

fator de influência. É difícil, por exemplo, avaliar com realismo a lucratividade futura de algum empreendimento depois que um valor excessivamente otimista foi dito. Valores extremos, quando utilizados como âncora, produzem efeitos marcantes. Ajuste é a adaptação mental que se faz a esse valor inicial. Para se prevenir da dupla ancoragem e ajuste, é aconselhável ignorar os valores grandes, por mais difícil que isso seja, ou forjar um valor de ancoragem no extremo oposto.

- *A percepção do acaso* – Há uma tendência comum à atribuição de padrões a eventos aleatórios. O decisor precisa de muita cautela para não agir de forma supersticiosa ou fazer correlações ilusórias. Para evitar isso, ele deve recorrer a um número de casos suficientemente grande e comparar os achados.
- *Correlação não implica causalidade* – É preciso discernir entre as duas para não cometer um salto inferencial. Fatos correlatos podem ter causas diferentes. E fatos com a mesma causa podem não ter correlação.
- *A relação entre ação e resultados* – Costumamos pensar que temos controle sobre resultados aleatórios ou totalmente fora da nossa área de ação.
- *Atribuição causal* – São as explicações a respeito das causas de eventos. Harold Kelley (1967) chamou de *estrutura para análise de variância* o estudo da teoria da atribuição causal. As pessoas tendem a desvalorizar ou mesmo desconsiderar totalmente informações de consenso quando fazem atribuições causais.

A percepção da causalidade é bastante influenciada pelo foco da atenção. Fatores vividos, que captam mais a atenção, são tomados como mais causais do que fatores menos salientes. Muitos testes e pesquisas confirmam que é universal a tendência a se desconsiderar alguns fatores e privilegiar outros, menos determinantes de um comportamento, mesmo contra evidências. Existe, por exemplo, uma propensão geral para explicar o comportamento de alguém segundo fatores disposicionais (ligados a disposições internas como temperamento, habilidades, traços, motivos) e subestimar os fatores da situação específica.

O fator a que se atribui a causa tende a ser o que estiver mais saliente, como foi demonstrado. Para o agente, é a situação; para o observador, é o comportamento do agente. Essa distinção é importante em várias circunstâncias sociais (julgamento, psicoterapia, educação, negócios) e está no âmago de desvios de atribuição, como os listados a seguir:

- Ter mais facilidade em aceitar a própria responsabilidade em situações de sucesso do que de falha.
- Creditar a si mais resultados do que os observadores fazem.

GESTÃO ESTRATÉGICA DE MUDANÇAS CORPORATIVAS

- Para si e os amigos, atribuir os comportamentos positivos a fatores disposicionais, e os negativos, a fatores situacionais. O oposto vale para os desafetos.
- Ter tendência a descrever menor variação no comportamento do outro do que no seu próprio comportamento.

Para fugir às ciladas atributivas, é aconselhável prestar muita atenção à informação de consenso e, além disso, perguntar-se como agiria na mesma circunstância em que outro é o agente.

A heurística individual e seus desvios, com tudo o que têm de perverso, amplificam-se nos grupos e aí operam com maior força, podendo levar grandes corporações e até nações inteiras à tomada de riscos impensáveis. A história está repleta de exemplos.

9.4 O RISCO COMO FATOR DE QUALQUER DECISÃO

Muitas decisões morrem no nascedouro pelo medo dos administradores de enfrentar riscos. Eles não percebem que há um enorme espaço entre, em um extremo, jogar fora o patrimônio da empresa de maneira irreversível e, em outro extremo, colocar um pequeno montante sob o perigo de não gerar lucro.

Certas escolhas malfeitas podem trazer transtornos, mas são contornáveis no decorrer do tempo. A contratação um diretor inadequado, por exemplo, pode ser resolvida mais adiante com um rearranjo de pessoas e tarefas. A correção de rumo acontece com frequência nas empresas.

Entretanto, os decisores também podem incorrer em erros de consequências duras, como executar perfeitamente uma estratégia errada, risco com frequência apontado por Michael Porter.

Experiência e bom senso são determinantes quando se tem que decidir entre insistir em um caminho tomado ou mudá-lo. O problema é que a diferença entre ser perseverante e ser "cabeça-dura", muitas vezes, só é percebida e avaliada depois que chegam os maus resultados. E, então, os gestores mais inseguros montam verdadeira rede de proteção para evitarem dizer – a si e aos outros – "Errei, vamos reavaliar a situação". Na luta pela imagem de infalibilidade, adicionam doses a mais de autoengano.

Perseverar no caminho errado pode virar um enorme problema e, por isso, quem toma decisões precisa contar com algum medidor externo que lhe mostre quando estiver extrapolando o limite seguro. Sem mecanismos de controle, ele corre o risco de encobrir erros com erros e chegar a uma grande ilusão, a uma grande bolha. Foi o que aconteceu no dramático colapso do Banco Barings, tradicional casa londrina que quebrou em consequência das atividades desastradas de seu *trader* Nicholas Leeson, em Cingapura. O caso se tornou um ícone do desgoverno administrativo[6].

Fonte constante de perigo é a camisa de força dos modelos mentais, que traçam relações e processos em função de uma única maneira de perceber. Na vida corporativa, muitos erros são cometidos e reiterados por causa da inércia em mudar modelos mentais. Isso decorre, em grande parte, da compreensível resistência em rever infraestrutura e investimentos. Mesmo com resistências, entretanto, em determinados pontos do trajeto, não há escapatória, o modelo mental precisa ser mudado compulsoriamente.

No entanto, existem salvaguardas para evitar a cegueira dos modelos mentais. Algumas delas são:

–   Reconhecer a influência das expectativas dos outros sobre nossas decisões.

–   Entender a pressão que uma infraestrutura instalada significa.

–   Ter cautela ao investir irreversivelmente em um modelo.

–   Testar uma decisão com mudanças de pequeno impacto.

–   Usar e abusar de análises e medidores.

–   Investir na transparência.

–   Transformar e recriar o que se tem.

–   Dispor-se a mudanças grandes, quando necessárias.

–   Criar ambiente de confiança.

–   Buscar interlocutores que entendam bem um modelo a ser mudado e o modelo substituto.

9.4.1   CURVA DE AVERSÃO AO RISCO

Conforme o postulado da *teoria dos prospects*, plenamente confirmado na prática, raciocinamos segundo perdas e ganhos, atribuindo valores diferentes a dados numéricos iguais.

É bem conhecida no mundo acadêmico a expressão *curva de aversão ao risco*, em que os resultados mudam conforme os montantes crescem. É elucidativa uma situação hipotética de dois jogos de cara ou coroa. Ambos têm o mesmo grau de risco; entretanto, um é percebido como tremendamente arriscado, e o outro, mais seguro. No exemplo citado em seguida, no jogo 1, a moeda é jogada 1.000 vezes: para cada resultado *cara*, o jogador paga à banca R$ 5,00, e para cada resultado *coroa*, o jogador recebe R$ 7,00. No jogo 2, a moeda é lançada uma única vez.

---

[6]   A história real é contada no filme *Rogue trader* (1999), de James Dearden.

Para o resultado *cara*, o jogador paga à banca R$ 89.600,00, e para o resultado *coroa*, recebe R$ 91.600,00. Os valores envolvidos levam a uma avaliação distorcida do resultado matemático. Ninguém reagiria da mesma maneira nas duas apostas, mesmo sabendo que o valor monetário esperado (VME ou EMV – *Expected Monetary Value*) é igual – ganho de R$ 1.000,00 –, conforme demonstrado a seguir. O VME é a soma dos produtos de cada resultado possível pela sua respectiva probabilidade.

Cálculo do valor monetário esperado:

Jogo 1: (1.000 × 50% × R$ 7,00) – (1.000 × 50% × R$ 5,00) = R$ 1.000,00

Jogo 2: (1 × 50% × R$ 91.600,00) – (1 × 50% × R$ 89.600,00) = R$ 1.000,00

O homem realmente não é um primor de racionalidade. O que coloca a dúvida entre um caminho e outro, embora os resultados sejam matematicamente iguais, é a aversão ao risco, um dos vieses mais comuns na percepção do risco e da probabilidade.

9.4.2   A AUTOCONFIANÇA

Em setembro de 1989, 14 pessoas morreram e 52 ficaram feridas em um acidente com um Boeing-737 da Varig na Amazônia. Após tomar o rumo errado, o piloto Cézar Augusto Padula Garcez foi obrigado a fazer pouso forçado em plena selva. O acidente foi causado unicamente por falha humana. Confiante, o comandante havia programado o voo de Marabá a Belém sem perceber um erro de leitura. Na hora de preparar a aterrissagem, não encontrando sinais da cidade de Belém, não consultou os controladores de voo nem conferiu sua localização no mapa. Desorientado sobre a floresta, e sem combustível, pousou em seguida na mata fechada.

A autoconfiança, tão necessária a quem precisa tomar riscos calculados, é um problema quando em excesso. Ela turva a percepção da realidade e favorece a ocorrência de graves erros. Em períodos que antecedem uma grande crise empresarial, com os problemas da companhia se avultando e os lucros despencando, não é raro ouvir comentários como "Não há problema algum. Sei exatamente o que está acontecendo e como resolver". Essa é a própria delusão, ou autoengano, que pode levar empresas e unidades de negócio à bancarrota.

Segundo estudos, a confiança nem sempre está relacionada com acurácia, e o excesso de confiança tende a prevalecer justamente quando é difícil julgar a precisão das informações. A autoconfiança se mantém em níveis adequados quando as pessoas são incentivadas a ter bom desempenho, sem pressão excessiva. Por isso, profissionais que recebem *feedback* constante e nessas condições são menos sujeitos a grandes erros.

TOMADA DE DECISÃO

No entanto, acertar e errar nem sempre dependem apenas da base de informações. Costumam ocorrer pontos cegos nas nossas avaliações. A melhor maneira de calibrar confiança e acurácia é parar para considerar as razões pelas quais nosso julgamento pode estar errado. É prudente ter os hábitos de calibrar os próprios julgamentos com os dos outros, de lembrar que 100% de confiança não significa 100% de acurácia e, mesmo quando a confiança no próprio julgamento for total, considerar as razões pelas quais uma outra avaliação poderia estar correta. No mínimo, isso dará maior equilíbrio ao julgamento.

Em decisões de peso, os executivos costumam subestimar os riscos e superestimar os benefícios[7]. Nem sempre eles acertam na previsão de cenários futuros, mesmo os que ostentam carreira sólida. É comum caírem na chamada *falácia do planejamento* e decidirem sob um otimismo delirante que sobrepuja a avaliação realista das probabilidades.

Nas grandes corporações, as pessoas tendem a supervalorizar os ganhos com o objetivo de que o provimento em dinheiro seja destinado ao seu projeto. Assim, criam previsões otimistas, que distorcem a análise, aumentando o risco de erro. O fato de executivos seniores motivarem suas equipes criando grandes objetivos para suas unidades favorece as delusões dos subordinados.

Para diminuir a suscetibilidade ao autoengano, é preciso desenvolver uma visão externa analisando casos semelhantes levados a cabo por outros empreendimentos e comparando com as condições presentes. A visão externa costuma ser bem mais realista do que a interna porque está isenta dos vieses cognitivos. O problema é que o esforço dos dirigentes em alimentar uma visão interna otimista demais é valorizado e admirado. Se o pessimismo é visto como deslealdade, é preciso equilibrar o otimismo, entender suas fontes, desconfiar dos pressupostos, estudar alternativas diferentes.

9.5 RAZÃO E INTUIÇÃO

Certas decisões brotam antes mesmo que se tenha consciência do raciocínio e da percepção, especialmente quando são densos o conhecimento e a experiência na área em questão. Esse tipo de intuição pode ser desenvolvido sistematicamente se houver disposição constante para aprender e para validar os *insights* obtidos. Basta confiar mais nos próprios sentimentos, colocar em xeque os modelos mentais e, se necessário, lançar mão do modelo analítico para validar e apoiar a busca da solução.

---

[7] LOVALLO, Dan; KAHNEMAN, Daniel. Delusions of success: how optimism undermines executives decisions. *Harvard Business Review*. Boston, July 2003.

Pessoas que usam a intuição nas decisões costumam, por vezes, deixar as coisas acontecerem, sem pressa em formar teorias sobre o que estão vendo. Questionam o próprio pensamento com o objetivo de entender melhor o mundo, buscando os modelos mais apropriados às diferentes situações.

Mesmo sendo um importante mecanismo para resolver problemas, a intuição tem um lado arriscado que deve ser avaliado cuidadosamente. Por estar arraigada à experiência passada, a intuição torna o decisor mais suscetível aos desvios heurísticos comentados anteriormente. É preciso conferir e reconferir se a alternativa apontada intuitivamente tem mesmo relação com o problema em pauta, e lembrar que a melhor alternativa para uma experiência pode não servir para outra.

Outra armadilha é que uma intuição vem à mente em estado bruto e nem sempre é transmitida de maneira adequada. Uma coisa é resolver algo, outra coisa é comunicar a decisão. Para ser bem implementada, é essencial que a ideia seja bem explicitada para quem for concretizá-la. Se mesmo decisões debatidas exaustivamente em longas reuniões, muitas vezes, não são colocadas em prática, o que dizer de uma decisão tomada em um sopro e mal comunicada?

Não existe consenso quanto ao que seja intuição. Alguns autores afirmam que é algo instintivo, impresso no sistema nervoso. Outros sustentam que é uma inabilidade para articular o processo de pensamento. Qualquer que seja a explicação científica, os administradores têm progressivamente decidido por intuição, posto que o tempo para escolher está encurtando e, muitas vezes, as informações são insuficientes. Contudo, ainda que a maestria em determinado campo torne um gestor mais propenso a decidir por intuição, ela é apenas mais uma das inúmeras ferramentas na tomada de decisão, ferramenta que pode levar a erros graves se acionar modelos mentais desligados do ambiente.

9.6   FLUXO DA TOMADA DE DECISÃO

A incerteza é inerente ao processo de decidir. Não é uma tarefa simples pensar em diversas alternativas, não raro conflitantes ou tão numerosas e imbricadas que chegam a ser paralisantes. Outras vezes, faltam informações cruciais. Mesmo assim, decidir é preciso. Uma análise formal permite simplificar o processo, dividindo-o em quatro passos bem definidos. Todos eles devem ser refeitos a cada vez que uma ideia levar à consideração de nova alternativa ou ao questionamento de pressuposições. São estes os passos:

1. Estruturar a decisão, identificando as alternativas possíveis, os pontos de maior incerteza e os critérios de escolha entre alternativas que competem entre si.

2. Coletar e avaliar informações, buscando o que é relevante, considerando a probabilidade de que determinados eventos ocorram e atribuindo valor às possíveis consequências das decisões.

3. Julgar o problema a resolver, analisando as informações obtidas nos dois primeiros passos para determinar que alternativas assumir.
4. Analisar a sensibilidade, verificando se a decisão é sensível a mudanças nas probabilidades, na valoração dos resultados ou nos pressupostos.

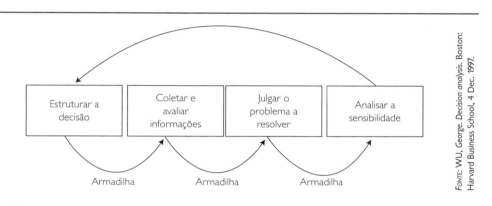

FIGURA 9.5 Passos da tomada de decisão

Esses passos ajudam na tomada de decisão, mas cada um deles contém armadilhas que podem modificar inteiramente o rumo dos acontecimentos, conforme se vê com frequência.

Perguntas a serem feitas para evitar decisões atabalhoadas: Quais são as alternativas? Quais são as incertezas críticas envolvidas na questão? Que objetivo se quer atingir? Que critério usar na escolha entre alternativas semelhantes? A tomada de decisão não é uma técnica mecânica que, se aplicada apropriadamente, leva à melhor opção. Além da proficiência técnica, são necessárias criatividade e capacidade de julgamento. Decidir envolve ciência e arte.

O cálculo do VME é útil quando os riscos são pequenos se comparados aos recursos, e quando dinheiro é o principal fator em jogo. Também oferece um bom parâmetro na análise de alternativas com valor não monetário. Como primeira abordagem para análise de risco, mesmo que depois seja substituído por outro procedimento, pode trazer muita clareza ao processo, ainda que a atribuição de pesos sempre tenha o risco de distorção. Ponderar alternativas e dar valor monetário a fatores não financeiros são sempre tarefas arriscadas.

9.7 ÁRVORE DE DECISÃO

Uma maneira prática de visualizar as alternativas e suas respectivas decorrências é a *árvore de decisão*. Trata-se de um modelo simples, no qual a cada alternativa são adicionados os desdobramentos possíveis, gerando um gráfico de bifurcações. A árvore é mostrada na Figura 9.6. Para ilustrar, considere-se o caso hipotético de uma empresa fabricante de xampus naturais que acaba de descobrir que um de seus principais fornecedores emprega trabalho infantil. A diretoria se reúne para decidir o que fazer.

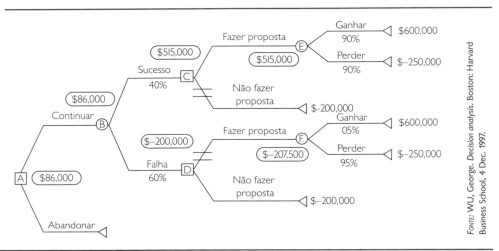

FIGURA 9.6 Árvore de decisão

O modelo da árvore pode ser aplicado mesmo quando não se tem a informação completa ou quando o dado não é financeiro. Nesse caso, atribui-se um equivalente numérico. Informações numéricas parciais que podem ser ponderadas também são utilizadas na montagem. Uma vez os dados transformados em números, comparam-se as alternativas com o cálculo do VME.

Os pontos de bifurcação, chamados nós ou nódulos, são representados por um quadrado, se for uma decisão, ou um círculo, se for uma probabilidade.

Mesmo que não esteja claro se uma opção é boa ou ruim, ela deve ser incluída. Em estágio posterior da análise, as alternativas piores serão eliminadas. A utilidade da árvore é justamente permitir a visualização de todas as alternativas para, então, ser escolhido um caminho, obrigando a mente a operar com disciplina cartesiana. É uma descrição concisa do problema em estudo, com retrato cronológico das alternativas imediatamente disponíveis, assim como das futuras alternativas e incertezas. Traz enorme transparência ao processo decisório, provendo objetividade e bons *insights*.

Dependendo do problema em foco, o desenho da árvore de decisões pode conter inúmeras bifurcações, e pode demandar muita criatividade na atribuição de pesos e valores numéricos. O importante é capturar todas as alternativas razoáveis para que o traçado da árvore traga à tona possibilidades que, de outra maneira, não seriam consideradas. Gestores criativos costumam enxergar alternativas únicas a partir desse modelo.

Quase todas as decisões envolvem eventos externos, fora de controle. A atribuição de probabilidade é uma forma de quantificá-los. Se a probabilidade for zero, o evento é impossível. Se um evento for ocorrer com certeza, então a probabilidade será igual a um. Mesmo que a avaliação seja subjetiva, ela precisa se fundar em dados concretos, como estatísticas, informações técnicas etc. A linguagem numérica obriga o administrador a ir além da avaliação arbitrária.

Para saber o valor de cada resultado, é preciso maximizar o *cash flow* esperado, calculando o investimento e o lucro e somando-os algebricamente em cada final de ramificação. Dessa forma, é possível acessar as incertezas críticas e avaliar desdobramentos para avaliar o melhor curso de ação.

Calculam-se os VME nos nódulos de decisão. Nessa etapa, algumas bifurcações mostrarão claramente qual caminho tem o maior valor. E é possível, então, cortar a alternativa pior, colocando dois traços paralelos na linha entre esse quadrado e o nó seguinte.

Partindo das terminações da árvore, faz-se o caminho de volta para a situação real, presente, analisando-se toda a árvore. Passa a ser mais fácil tomar uma decisão, por exemplo, no nódulo C, quando já se sabe o que poderá acontecer no nódulo E.

9.7.1 ARMADILHAS POSSÍVEIS

A qualquer altura do processo, o tomador de decisão pode julgar de maneira equivocada. Ele pode colocar o foco no problema errado ou considerar apenas parte de uma situação (por exemplo, calcular a eficiência na produção e negligenciar a necessidade do consumidor). São muitos os atalhos para erros de julgamento, mesmo quando se quer construir uma árvore de decisões isenta de vieses heurísticos. Ainda assim, a ferramenta se mostra um elemento precioso em situações complexas.

Digamos que os funcionários de uma fábrica tenham declarado greve. Os administradores podem calcular a probabilidade de paralisação de cada área e a quantia que a empresa perderá em cada caso (por prejuízo à imagem, por dificuldade de negociação com o sindicato etc.). Encontrando o VME para cada área parada, eles multiplicam a probabilidade pelo prejuízo avaliado. Somam os VME encontrados e, com isso, obtêm os montantes sob risco de perda. Com tal resultado em mãos, podem decidir como e em que medida acatar as reivindicações dos empregados.

9.8 MODELOS DE TOMADA DE DECISÃO

Se um navio estiver em alto-mar e uma enorme tempestade se formar rapidamente, como decidir que providências tomar? Para a segurança de todos, manda o bom senso que o capitão decida rapidamente e dê ordens com a máxima eficiência e clareza. Nesse momento, é desejável que ele seja autocrático. Não há tempo para ouvir as razões da tripulação ou os comentários dos passageiros. Se o capitão é quem tem mais conhecimento, e é do interesse geral que as coisas sejam feitas com urgência, não há o que discutir.

Urgência e conhecimento são parâmetros que definem como são feitas as escolhas. A Figura 9.7 mostra como pode ser o processo decisório segundo esses dois fatores:

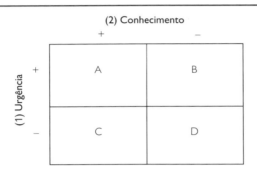

FIGURA 9.7 Processo decisório

Em uma empresa também ocorrem casos extremos, com premência de tempo e concentração da capacidade técnica, quando é mais adequado tomar decisão de maneira *totalitária*. Se houver urgência de tempo e o dirigente não detiver todo o conhecimento exigido para escolher o melhor caminho, ele coleta o conhecimento com outros, o mais rápido possível, avalia a situação e toma a decisão sozinho. Trata-se de uma decisão totalitária com coleta de informações.

Quando não houver urgência, cabe procurar soluções de maneira *participativa*, em que o dirigente tem a oportunidade de passar conhecimentos e treinar os demais com o objetivo de desenvolver sua equipe. Já nos casos em que o dirigente e outros participantes

TOMADA DE DECISÃO

possuem o conhecimento e não há qualquer urgência de ação, a decisão pode ser tomada de maneira *colegiada*.

9.9 OS PAPÉIS NA TOMADA DE DECISÃO

Qualquer que seja a empresa, ela precisa tomar as decisões corretas, rápida e eficientemente, além de executá-las com consistência. Mas pode haver ambiguidade sobre quem é o responsável em cada etapa.

As melhores companhias têm bom desempenho nas decisões de caráter estratégico (em que mercado entrar ou sair, que negócio vender ou comprar, onde alocar capital e talento etc.) e se destacam na maneira de conduzir decisões operacionais críticas – inovação de produtos, posicionamento de marca etc. No entanto, há empresas multinacionais com diferentes programas de desenvolvimento de produtos – um na Ásia, outro na América Latina, outro na Europa –, não para atender à especificidades regionais, mas, simplesmente, porque as diferentes filiais não se falam.

Condição essencial para um bom processo decisório é que estejam muito claros os papéis e as responsabilidades. É preciso que todos os envolvidos saibam quem recomenda (*recomend*), quem precisa concordar (*agree*), quem implementa (*perform*), quem provê os fatos relevantes (*input*) e quem tem a última palavra (*decide*). A sigla RAPID, formada com a primeira letra desses cinco verbos em inglês, é o resumo de quem é quem no processo decisório[8].

Os responsáveis pela recomendação precisam mostrar alternativas bem fundamentadas por meio de dados e análises, nos quais atuam os responsáveis pelo *input*. Os responsáveis por concordar são os profissionais relacionados à *compliance* regulatória ou legal, ou ainda à coordenação do negócio que será afetado pela decisão. E uma única pessoa é quem decide (D), a única com o papel de encerrar a tomada de decisão e comprometer a organização com a ação decorrente. A pessoa representada pela letra D tem que ser alguém com ótima capacidade de julgamento, domínio dos *trade-offs* envolvidos, foco na ação e conhecimento aguçado da estrutura encarregada da execução (letra P de *perform*).

A ordem nem sempre é essa (R-A-P-I-D), mas esses são os papéis primários de qualquer processo decisório. Frequentemente, nas organizações, uma ou mais pessoas acumulam dois ou mais papéis. Por exemplo, quem fornece o *input* pode ser o mesmo gestor responsável pela execução (*perform*).

---

[8]   ROGERS, Paulo; BLENKO, Marcia. Who has the D? How clear decision roles enhance organizational performance. *Harvard Business Review*. Boston, Jan. 2006.

São familiares aos administradores quatro gargalos de alçada: instância global contra instância local, matriz contra unidade de negócio, função contra função e parceiros internos contra parceiros externos.

Construção de marca, desenvolvimento de produtos, precificação e propaganda costumam ser os pontos mais polêmicos quando se trata de definir a autoridade dos negócios locais em relação ao *head quarter*. A instância de decisão também é razão de conflito quanto ao investimento em determinada unidade de negócio. Seria uma decisão apenas da matriz ou também da unidade beneficiada?

No âmbito de uma única empresa ou unidade, o desenvolvimento de novos produtos causa polêmica na hora de definir quais decisões competem ao marketing e quais competem ao P&D, por exemplo. Como harmonizar as diferentes visões e motivações?

Com o aumento das terceirizações, *joint ventures*, franquias e contratos do gênero, as organizações precisam ter clareza total a respeito de quais decisões podem ser tomadas pelos parceiros externos e quais devem permanecer na órbita interna.

Em meio a todos os problemas e desvios heurísticos que podem surgir durante um processo de decisão, também surgem as incertezas quanto aos papéis, gerando dificuldades adicionais. É comum que falte clareza sobre quem tem a última palavra e que haja gente demais com poder de veto (*agree*) ou dando *inputs*. É preciso haver arte e ciência por parte dos envolvidos para o esclarecimento do RAPID.

9.10 COMPLEXIDADE IRREDUTÍVEL

O mundo novo demanda uma nova mentalidade por parte dos líderes. O encurtamento do ciclo de negócios comentado no Capítulo 2 exige maior capacidade para lidar com a interdependência, mas isso ainda não ocorre às mil maravilhas nas nossas empresas. A forma de tomar decisão não vem acompanhando plenamente as mudanças. Muitas vezes, sobra arrogância e falta humildade ao gestor para contar com outras cabeças que o ajudem a pensar.

Os naturais desvios de processamento mental descritos neste capítulo ficam mais danosos ainda no grande emaranhado de conexões criado pela tecnologia e pela globalização. Em circunstância extrema de interdependência, as partes só têm significado no conjunto, e não cabe dissecar uma situação para analisar cada aspecto isoladamente. Para lidar com essa complexidade irredutível, seria necessário levar em conta todas as variáveis ao mesmo tempo.

Para decidir sob condições tão adversas, o gestor precisa contar com formação acadêmica, treinamento, experiência pessoal, incentivos, influências recebidas de outros. Além disso, precisa, principalmente, ter capacidade para ver a arquitetura toda, mesmo que as informações sejam fragmentadas e imprecisas. Ele não pode cair na tentação de filtrar a complexidade em partes isoladas. Há que identificar os aspectos mais relevantes e vislumbrar como uma mudança causará outras mudanças.

Os bons líderes têm pensamento holístico, integrativo. Eles percebem uma realidade complexa e convivem bem com ela. Ouvem e aceitam opiniões diversas, em um primeiro momento, até que o melhor caminho se configure. Eles fazem seus *trade-offs*, mas apenas para agir. Não os fazem durante o processo decisório, no qual aceitam a ambiguidade e a oposição. Eles sabem que as decisões estratégicas nem sempre têm um perfeito arcabouço matemático e possuem sensibilidade suficiente para deixar pairando na mente várias opiniões, mesmo que uma se oponha a outra.

Na economia tradicional, tanto quanto na nova economia, o pensamento integrativo é o que determina a qualidade da liderança. A propalada visão do líder vem das mesmas informações que um não líder também possui. A diferença entre ambos está na forma de olhar.

Lee Iacocca, um caso emblemático, notabilizou-se na presidência da Ford e do Grupo Chrysler como líder integrativo. Reconfigurou o negócio fazendo uma declaração simples a seus liderados: "Seremos a número um ou a número dois". Para chegar a tal concisão, é evidente que refletiu adequadamente sobre uma realidade complexa, com uma infinidade de interconexões. Com essa simples frase, Iacocca conseguiu que uma corporação enorme seguisse na direção apontada, movimentando bilhões de dólares.

Muitos executivos cometem erros, entre outros motivos, por decidirem antes de compreender inteiramente uma questão. Decisões precipitadas não faltam quando as pessoas não estão dispostas a sustentar dissensões. Mas o líder não pode se deixar levar pela tendência dominante. Não pode aceitar que o pensamento grupal, limitador do rol de alternativas na tomada de decisão, prejudique sua visão integrativa.

Um bom processo decisório garante lisura em todos os passos, de maneira que todos na equipe tenham alto grau de comprometimento com a alternativa escolhida, inclusive os participantes que tiverem voto vencido. A questão não é apenas dar voz a todos mas também que todos se sintam considerados. Mais uma razão para que o líder, em vez de apenas mostrar e defender suas ideias, aceite provisoriamente todas as propostas dos liderados. Uma vez tomada a decisão, o líder obterá mais comprometimento ainda se explicar racionalmente como se chegou à escolha e como cada participante contribuiu[9].

---

[9] GARVIN, David A.; ROBERTO, Michael A. What do you don't know about making decisions. *Harvard Business Review*. Boston, Sept. 2001.

A dúvida faz parte da tomada de decisão. Um bom decisor pergunta a si próprio: Estou resgatando a experiência anterior de maneira adequada? Mudou a pergunta e continuo usando a mesma resposta? A ideia foi suficientemente debatida para corrigir possíveis erros de avaliação? Não estarei exagerando as cores desta situação? Estou realmente ouvindo a opinião dos demais?

É preciso haver diversidade de opiniões e embate de ideias. Se todos estiverem pensando de modo igual, alguma coisa está errada. Em nenhum dos quatro passos do processo decisório (estruturar a decisão, coletar e avaliar informações, julgar o problema a resolver, analisar a sensibilidade), o pensador integrativo elimina possibilidades com o objetivo de simplificar o raciocínio. Ele junta as opiniões de sua equipe e, em vez de fugir da confusão de ideias, ele a procura.

Alguns líderes conseguem estimular o debate para que sua equipe amadureça, cientes de que as empresas habituadas ao diálogo interno formam equipes mais criativas e desenvolvem o pensamento integrativo. O líder pode, para treinamento, pedir que as pessoas adeptas de determinado ponto de vista apresentem argumentos para defesa do ponto de vista contrário ou que alguns colaboradores representem papéis diferentes de suas funções reais (por exemplo, um gerente de RH poderia argumentar como se fosse gerente de marketing, ou um funcionário de linha poderia falar como CEO).

A necessidade de debates enriquecedores reforça a importância da diversidade cultural no *board*. Dificilmente haverá real oposição de ideias em uma diretoria composta por pessoas de profissões correlatas, formadas em escolas semelhantes e com o mesmo estilo de vida.

9.10.1 UM CASO CONCRETO

Quem assiste ao filme *Os treze dias que abalaram o mundo* (2000, de Roger Donaldson), que mostra o real processo de decisão do governo norte-americano no caso dos mísseis russos em Cuba em 1962, tem a exata noção do que seja uma tomada de decisão em situação complexa: faltavam dados essenciais, havia profundas diferenças de visão na equipe, os prazos eram mais do que apertados. E estava em jogo simplesmente a paz mundial.

O alto comando militar defendia, por convicção, que os Estados Unidos atacassem Cuba sem mais espera ou negociação. Kennedy e outros membros do governo defendiam a moderação por causa das consequências catastróficas de um confronto armado. O presidente conduziu o caso com grande sabedoria (com boa dose de estresse e sofrimento, é claro). Ele encorajava o pensamento crítico e incitava sua equipe a gerar alternativas múltiplas de solução. As ideias eram apresentadas, muitas vezes, em forma bruta, e eram buriladas durante as discussões. Ideias conflitantes eram colocadas na mesa, gerando debates acalorados e esclarecedores.

Nas organizações, ainda que as cores não sejam tão dramáticas, há processos igualmente intrincados. Quanto mais o debate puder ser levado para o campo das ideias, e não para o das emoções, melhor. Como todo administrador sabe, esse objetivo é difícil de ser atingido. Mas vencer as dificuldades internas faz parte da arte de tomar decisões.

REFERÊNCIAS

BAZERMAN, Max H.; LOEWENSTEIN, George; MOORE, Don A. Why good accountants do bad audits. *Harvard Business Review*. Boston, Nov. 2002.

CONGER, Jay A. PROQUEST 1996. Qualitative research as the cornerstone methodology for understanding leadership. By: CONGER, Jay A. *Leadership quaterly*. Spring 1998, v. 9, issue 1, p. 107.

FINKELSTEIN, S. *Por que executivos inteligentes falham, como solucionar problemas de tomada de decisão e de liderança*. São Paulo: M. Books do Brasil, 2003.

GARVIN, David A.; ROBERTO, Michael A. What do you don't know about making decisions. *Harvard Business Review*. Boston, Sept. 2001.

GARY, Loren. Problem solving for decision makers. *Harvard Business Review*. Boston, Dec. 1997.

GERALD, Edelman. A força dos modelos mentais. *Universe of consciousness:* how matter becomes imagination. New York: Basic Books, 2000.

GILOVICH, Thomas; GRIFFIN, Dale; KAHNEMAN, Daniel. *Heuristics and biases:* the psychology of intuitive judgment. New York: Cambridge University Press, 2005.

KELLEY, Harold H. *Atribution in social psychology.* Nebraska Symposium on Motivation, 15, 192-238, 1967.

LOVALLO, Dan; KAHNEMAN, Daniel. Delusions of success: how optimism undermines executives decisions. *Harvard Business Review*. Boston, July 2003.

MARTIN, Roger. How successful leaders think. *Harvard Business Review*. Massachusetts, June 2007.

PLOUS, Scott. *The psychology of judgment and decision making.* New York: McGraw-Hill, 1993.

ROGERS, Paulo.; BLENKO, Marcia. Who has the D? How clear decision roles enhance organizational performance. *Harvard Business Review*. Boston, Jan. 2006.

STAUFFER, David. How good data leads to bad decisions. *Harvard Business Review*. Boston, Dec. 2002.

STAUFFER, David. Your managerial intuition: how much should you trust it? Can you improve it? *Harvard Business Review*. Boston, June 1997.

WIND, Yoram Jerry; CROOK, Colin; GUNTHER, Robert. *The power of impossible thinking:* transform the business of your life and the life of your business. New Jersey: Pearson Education/ Wharton School Publishing, 2006.

WU, George. *Decision analysis.* Boston: Harvard Business School, 4 Dec. 1997.

CONCLUSÃO

TURNAROUND — A VERDADEIRA DESTRUIÇÃO CRIATIVA

O propósito do livro é transmitir para o leitor os conceitos e as principais técnicas que dão suporte para o processo de tomada de decisão: desde a análise do ambiente econômico e competitivo, passando pela avaliação interna da empresa, de seus indicadores financeiros, de suas estratégias, pelo processo de planejamento e pelos aspectos relacionados à liderança e à aprendizagem organizacional.

Sem dúvida, todos os modelos aqui discutidos são essenciais para a qualidade da análise e da decisão, seja em um contexto de normalidade do mercado, seja em momentos de grande turbulência que exigem decisões críticas e, muitas vezes, ações de turnaround na organização.

No entanto, o fator fundamental para o sucesso da organização é a capacidade de o gestor tomar a decisão nos momentos importantes da empresa. Tudo o que discutimos pode simplesmente sucumbir. É isso que abordamos no último capítulo, o processo de tomada de decisão.

Nesse aspecto, vale destacar que em momentos de normalidade, quando o mercado cresce vigorosamente a cada ano, ou quando o voo é em céu de brigadeiro, o papel do gestor torna-se mais fácil, restringindo-se a uma boa condução da companhia. Muitas vezes fica difícil avaliar até que ponto o crescimento da empresa foi de fato mérito da equipe ou apenas a empresa acompanhou o mercado. O grande desafio surge na turbulência, quando há queda da demanda, quando novos concorrentes surgem, quando o desempenho da empresa começa a ser afetado significativamente ou aparece uma nova

GESTÃO ESTRATÉGICA DE MUDANÇAS CORPORATIVAS

tecnologia colocando em risco até a continuidade do negócio. Nesse cenário, na maioria das vezes, exigem-se mudanças radicais, processos de turnaround.

Quando a empresa precisa de mudanças profundas, o papel do líder torna-se fundamental. As melhores técnicas de análise e gestão tornam-se muito mais importantes para subsidiar as decisões de que a organização tanto depende. Aqui tudo ficará nas mãos dos executivos, a quem caberá conduzir com firmeza e sabedoria a empresa para uma nova situação, mais segura e de volta aos trilhos da lucratividade.

Por isso insistimos muito no Capítulo 9, sobretudo em relação ao que pode influenciar a qualidade da decisão do líder e como eles podem se precaver para evitar que fatores externos, aspectos ligados a estilo, excesso de arrogância, otimismo exagerado, não escutar e perceber os sinais à sua volta, enfim, tudo o que pode direta e indiretamente influir no modelo mental do tomador de decisão.

Sydney Finkelstein destaca no seu livro *Why smart executives fail* (*Por que executivos inteligentes falham*) exemplos impressionantes de falhas cometidas por gestores em grandes companhias: gestores de excepcional formação e *background*, que tiveram sucesso em toda sua carreira; executivos de formação impecável, mas que falharam em momentos críticos da organização.

Dois casos importantes pesquisados por Finkelstein merecem uma reflexão:

I.   A INCRÍVEL HISTÓRIA DA SAMSUNG MOTORS

A Samsung foi fundada em 1938, na Coreia, como fabricante de massas e, depois, investiu em diferentes setores de comercialização e fabricação. Cresceu rapidamente nas décadas de 1950 e 1960, firmando-se como líder mundial na fabricação de eletrônicos e semicondutores.

Em 1987, Kun-Hee Lee sucedeu o pai, que havia falecido, e deu início a um novo ciclo de expansão na empresa, que veio a se tornar uma das maiores organizações do mundo do século XXI e a segunda empresa da Coreia com atuação nos setores de eletrônica, maquinário, produtos químicos, serviços financeiros, hotéis, lojas de departamento e até parque temático. Com 161 mil funcionários, faturava 93,5 bilhões de dólares.

Até que seu comandante Kun-Hee Lee resolveu investir no segmento automobilístico, confundindo uma paixão pessoal com uma questão empresarial.

Isso ocorreu no final de 1997, quando a Coreia vivia uma crise; a moeda sofreu uma grande desvalorização, fato que afetou tremendamente a indústria automobilística, a qual dependia das exportações para sobreviver. Além disso, a demanda interna também caiu drasticamente, 35%, levando toda a indústria a trabalhar com grande capacidade ociosa e estoques elevados.

Apesar de todo o cenário desfavorável, inclusive com insistente recusa do Ministro do Comércio, que negou inicialmente a licença para o empreendimento, o presidente acabou investindo 3 bilhões de dólares na nova fábrica, que precisava produzir 240.000 unidades por ano para se viabilizar.

No primeiro semestre de 1998, a Samsung teve um prejuízo de 156 milhões de dólares e teve que se endividar com os bancos – neste ano, vendeu menos de 50.000 unidades. Em maio de 2000, a Samsung, que já havia investido cinco bilhões de dólares em seu negócio de carros, acabou vendendo 70% de seu negócio para a Renault por 560 milhões de dólares.

Para sair da crise decorrente do investimento equivocado e da queda da economia, a empresa teve que vender dez de suas empresas e passar por uma profunda reestruturação, com a demissão de 50% de seus funcionários.

Em todo esse processo não faltaram alertas, estudos, informações sobre a situação, sinais da equipe para tentar evitar a falha, mas a arrogância do seu presidente, misturada com seu sonho pessoal, confundiu-se com as prioridades da organização e levou a empresa a uma situação de quase não retorno.

2. O CASO DA MOTOROLA

A história começa em 1928, quando a empresa lançou o primeiro rádio para carro prático e acessível sobre a marca Motorola, uma mistura de motor e vitrola. Depois desenvolveu diversas inovações, como o rádio portátil bidirecional, que foi usado pelo exército americano na Segunda Guerra Mundial; o aparelho de TV de 200 dólares; entre outras. Nos anos 1950, envolveu-se no programa espacial americano, depois lançou o primeiro Pager no mundo e, em 1970, começou a fabricar microprocessadores, tornando-se fornecedor principal da Apple e firmando-se como empresa líder mundial em tecnologia.

Em 1983 entrou no negócio de telefonia celular com o sistema Dyna-TAC, os primeiros celulares analógicos volumosos e caros. Em 1990, a empresa controlava 45% do mercado de celulares e 85% do segmento de Pager. Segundo o ex-CEO Robert Galvin, "Éramos o líder disparado em dispositivos analógicos em todo o mundo". De 1992 a 1995 a empresa aumentou sua receita em média 27% ao ano, atingindo 27 bilhões de dólares.

Em 1994, quando a Motorola detinha 60% do mercado de celulares analógicos, surgiu uma nova tecnologia digital. Enquanto a tecnologia analógica transmitia as ligações por ondas sonoras com problemas de qualidade causados pela interferência, que provocava quedas frequentes da ligação, a tecnologia digital era mais segura e não havia interferências. A única vantagem que a tecnologia analógica tinha era a ampla cobertura, a qual seria rapidamente superada. Além disso, a tecnologia digital poderia acomodar dez vezes mais assinantes nas novas redes, diluindo o custo do investimento em uma base maior de usuários, bem como permitia a fabricação de telefones mais leves e compactos.

Apesar da insistência dos clientes e da equipe de vendas, a Motorola decidiu não entrar na nova tecnologia. Mesmo tendo a patente da tecnologia digital, a empresa preferiu licenciar outros concorrentes, Nokia e Ericsson, a fazer por si própria. Por incrível que possa parecer, a Motorola levou anos para mudar sua decisão, embora os sinais do sucesso da nova tecnologia fossem absolutamente evidentes, tanto pela queda de suas vendas como pelo aumento contínuo dos *royalties* que ela vinha recebendo dos concorrentes.

Em 1998, a participação de mercado da Motorola caiu para 34%, enquanto a da Nokia subiu de 11% para 34%, e em junho deste ano a Motorola anunciou a demissão de 20.000 funcionários numa tentativa para equilibrar os custos.

Nesses exemplos citados por Finkelstein fica claro que mesmo tendo todas as informações, equipes preparadas para pesquisar e analisar dados, consultores de alto nível, um time de executivos de primeira, se o processo de tomada da decisão não for adequado, tudo pode dar errado.

Às vezes tudo conspira para o caminho errado. Na Motorola, a cultura da empresa era voltada para a engenharia, o foco não era o mercado e os clientes. Outro aspecto que interferiu nesse processo foi o fato de a organização ser muito descentralizada, além de possuir um programa agressivo de incentivos, o que tornava difícil para os gerentes de linha perceber a nova situação de mercado.

Finalmente, é importante destacar que este livro foi escrito entre o início de 2005 e meados de 2008, alguns meses antes da crise do *subprime* que arrasou a economia americana e de todo o planeta. Neste momento difícil para as organizações, o livro se torna uma excelente oportunidade de reflexão para os gestores que estão envolvidos com problemas graves que a maioria das empresas pelo mundo terá que enfrentar.

Foi perguntado aos autores se haveria alguma modificação no conteúdo, uma vez que os originais haviam sido entregues antes da crise. Após a releitura do texto, constatou-se que os conceitos apresentados continuam perfeitamente válidos nesta nova fase da economia mundial. Agora – e com muito mais rigor – eles devem ser aplicados, porque, de uma forma ou de outra, todos terão que rever suas operações e, possivelmente, serão necessários processos de turnaround em diferentes níveis de complexidade.

Aqueles sinais vitais citados no Capítulo 1, que indicam a necessidade de uma mudança radical, estão presentes na maioria das organizações: queda das vendas e da lucratividade, déficits operacionais e de caixa, dificuldade de negociação com os bancos para novas linhas de crédito, perda de participação de mercado, endividamento crescente, desequilíbrio entre os custos fixos e as receitas, e assim por diante. É, sem dúvida, o momento de se pensar no **turnaround radical**, como aquele citado no quadrante 1 da matriz de turnaround no Capítulo 1: por um lado, problema de gravidade alta pelo impacto que pode causar, e por outro, de urgência também alta, uma vez que não há tempo a perder. As soluções possíveis são processos de *downsizings*, demissões, fechamento de unidades deficitárias ou desativação de linhas de produtos inviáveis, terceirização para transformar custos fixos em variáveis e até mesmo a venda do negócio nos casos mais graves.

Os principais conceitos e técnicas utilizados para diagnosticar o momento de uma organização estão apresentados nesta obra, assim como suas referências bibliográficas, as razões do seu uso, as formas práticas de sua aplicação. Isso se constitui em condições necessárias, porém não suficientes para uma correta estratégia de turnaround. Poderíamos dizer que a "ciência" necessária estaria aqui contida, porém falta a parte do entendimento, da dedução, da inferência do *insight* a respeito da realidade, o que poderíamos chamar de "arte", dada a sua complexidade e dificuldade de previsão. Temos, então, que o melhor resultado vem da "artência", que consiste na capacidade de aglutinar as técnicas corretas à capacidade de tomar decisões com informações parciais em um mundo cada vez mais descontínuo.

APÊNDICE

DEMONSTRATIVOS FINANCEIROS

GERDAU

Demonstrações financeiras consolidadas em IFRS resumidas (valores expressos em milhares de reais)					
Ativo			Passivo e Patrimônio líquido		
	2007	2006		2007	2006
Circulante	15.493.804	15.161.747	Circulante	6.690.612	6.308.658
Não circulante			Não circulante		
Realizável a longo prazo	2.673.007	2.284.398	Exigível a longo prazo	18.255.071	11.194.365
Permanente			Participação dos acionistas minoritários	10.555.649	9.116.434
Investimentos	647.824	482.169	Patrimônio líquido		
Ágios	6.043.396	437.838	Capital social	3.744.000	3.744.000
Imobilizados	15.829.091	13.374.832	Ações em tesouraria	(69.861)	(69.861)
Intangível	1.073.715	45.381	Reservas de lucros	131.295	75.847
	23.594.026	14.340.220	Lucros acumulados	2.993.542	1.529.389
	26.267.033	16.624.618	Ajustes cumulativos de conversão para moeda estrangeira	(539.471)	(112.467)
			Total do patrimônio líquido	6.259.505	5.166.908
			Patrimônio líquido incluindo minoritários	16.815.154	14.283.342
Total do ativo	41.760.837	31.786.365	Total do Passivo	41.760.837	31.786.365

FONTE: Relatório anual da Gerdau referente ao exercício de 2007.

GESTÃO ESTRATÉGICA DE MUDANÇAS CORPORATIVAS

Demonstrações financeiras consolidadas em IFRS resumidas (valores expressos em milhares de reais)		
Demonstração do resultado	2007	2006
Receita líquida de vendas	30.613.528	25.883.911
Custo das vendas	(23.131.527)	(19.039.266)
Lucro bruto	7.482.001	6.844.645
Despesas com vendas	(620.267)	(558.163)
Despesas gerais e administrativas	(1.908.138)	(1.827.544)
Outras receitas (despesas) operacionais	(157.822)	(12.091)
Lucro operacional	4.795.774	4.446.847
Resultado da equivalência patrimonial	118.399	243.550
Lucro antes do resultado financeiro e dos impostos	4.914.173	4.690.397
Receitas financeiras	871.846	1.012.996
Despesas financeiras	(1.210.090)	(916.595)
Variação cambial, líquida	723.289	329.632
Ganhos e perdas com derivativos, líquido	(4.456)	74.468
Lucro antes dos impostos	5.294.762	5.190.898
Provisão para imposto de renda e contribuição social		
Corrente	(881.050)	(917.433)
Diferido	(88.598)	17.865
	(969.648)	(899.568)
Lucro líquido do exercício	4.325.114	4.291.330
Atribuído A:		
Participação dos controladores	1.824.599	1.750.763
Participação dos minoritários	2.500.515	2.540.567
	4.325.114	4.291.330
Lucro básico por ação – ordinária e preferencial	9,92	9,48
Lucro diluído por ação – ordinária e preferencial	9,92	9,48

FONTE: Relatório anual da Gerdau referente ao exercício de 2007.

DEMONSTRATIVOS FINANCEIROS

Balanços patrimoniais em 31 de dezembro (valores expressos em milhares de reais)			
Ativo	Nota	Consolidado	
		2005	2004
Circulante			
Disponibilidades e aplicações financeiras	5	5.395.463	2.003.945
Clientes	6	2.101.137	2.564.192
Estoques	7	4.018.629	4.236.642
Créditos tributários	8	206.714	251.858
Imposto de renda e contribuição social diferidos	9	152.283	329.797
Dividendos a receber	11	–	–
Outras contas a receber		303.942	267.058
Total do circulante		12.178.168	9.653.492
Realizável a longo prazo			
Partes relacionadas	21	171	1.231
Créditos tributários	8	242.792	69.992
Depósito para futuro investimento em participações societárias	4	34.703	182.158
Imposto de renda e contribuição social diferidos	9	472.417	623.722
Depósitos judiciais e outros	10	165.657	185.983
Total do realizável a longo prazo		915.740	1.063.086
Permanente			
Investimentos	11	113.216	112.547
Imobilizado	12	8.694.958	7.928.973
Diferido	13	61.041	33.858
Total do permanente		8.869.215	8.075.378
Total do ativo		21.963.123	18.791.956

Fonte: Relatório anual da Gerdau referente ao exercício de 2005.

GESTÃO ESTRATÉGICA DE MUDANÇAS CORPORATIVAS

Balanços patrimoniais em 3l de dezembro (valores expressos em milhares de reais)			
Passivo	Nota	Consolidado	
		2005	2004
Circulante			
Fornecedores		1.665.862	1.921.424
Empréstimos e financiamentos	14	1.329.651	2.027.865
Debêntures	15	2.719	2.986
Impostos e contribuições sociais a recolher	18	312.359	391.185
Partes relacionadas	21	–	–
Imposto de renda e contribuição social diferidos	9	86.879	180.166
Salários a pagar		271.855	259.919
Dividendos a pagar	24	209.683	338.972
Outras contas a pagar		324.466	222.741
Total do circulante		4.203.474	5.345.258
Exigível a longo prazo			
Empréstimos e financiamentos	14	5.352.420	3.490.374
Debêntures	15	679.186	573.504
Provisão para contingências	20	192.858	240.964
Imposto de renda e contribuição social diferidos	9	613.920	699.119
Benefícios pós-emprego	22	263.778	294.478
Outras contas a pagar	23	282.584	292.664
Total do exigível a longo prazo		7.384.746	5.591.103
Participação dos acionistas não controladores		6.515.335	4.894.561
Patrimônio líquido			
Capital social	24	2.496.000	1.664.000
Reservas de capital		10.842	10.842
Reservas de lucros		1.352.166	1.285.632
Lucros acumulados		560	560
Total do patrimônio líquido		3.859.568	2.961.034
Patrimônio líquido incluindo não controladores		10.374.903	7.855.595
Total do passivo		21.963.123	18.791.956

FONTE: Relatório anual da Gerdau referente ao exercício de 2005.

DEMONSTRATIVOS FINANCEIROS

Demonstração dos resultados para os exercícios findos em 31 de dezembro (valores expressos em milhares de reais)	Nota	Consolidado	
		2005	2004
Receita de vendas		25.485.818	23.407.573
Impostos incidentes sobre as vendas		(2.642.225)	(2.456.568)
Fretes e descontos		(1.597.845)	(1.353.743)
Receita líquida de vendas	30	21.245.748	19.597.262
Custo das vendas		(15.519.861)	(13.352.238)
Lucro bruto		5.725.887	6.245.024
Despesas com vendas		(514.443)	(455.175)
Receitas financeiras	17	483.231	249.261
Despesas financeiras	17	(441.080)	(397.642)
Despesas gerais e administrativas			
Honorários dos administradores		(34.624)	(50.654)
Despesas gerais		(1.132.456)	(1.000.299)
Resultado da equivalência patrimonial	11	(157.903)	(344.628)
Outras receitas (despesas) operacionais líquidas	27	140.383	191.043
Lucro operacional		4.068.995	4.436.930
Receitas (despesas) não operacionais líquidas	28	304.738	144.102
Lucro antes dos impostos e participações		4.373.733	4.581.032
Provisão para imposto de renda e contribuição social	9		
Corrente		(932.420)	(957.000)
Diferido		(142.882)	(238.405)
Participação dos administradores	25	(29.587)	(44.530)
Lucro líquido do exercício antes da participação dos acionistas não controladores		3.268.844	3.341.097
Participação dos acionistas não controladores		(1.993.260)	(1.904.022)
Lucro líquido do exercício		1.275.584	1.437.075
Lucro por ação – R$			
Valor patrimonial por ação – R$			

FONTE: Relatório anual da Gerdau referente ao exercício de 2005.

GESTÃO ESTRATÉGICA DE MUDANÇAS CORPORATIVAS

SADIA

Balanços patrimoniais em 31 de dezembro de 2007 e 2006 CNPJ/MF 20.730.099/0001-94 (valores expressos em milhares de reais)		Consolidado	
Ativo	Nota	2007	2006
Circulante			
Caixa e bancos		320.028	234.069
Títulos e valores mobiliários	5	2.049.281	2.187.406
Valores a receber de contratos futuros		46.684	26.357
Contas a receber de clientes	6	486.586	678.598
Estoques	7	1.168.936	1.084.454
Impostos a compensar	8	325.868	169.347
Impostos diferidos	23	35.992	56.509
Outros créditos		130.641	229.909
Total do ativo circulante		4.564.016	4.666.649
Não circulante			
Realizável a longo prazo			
Títulos e valores mobiliários	5	136.042	129.127
Impostos a compensar	8	165.225	162.229
Impostos diferidos	23	95.375	83.243
Depósitos judiciais	16	42.004	46.968
Partes relacionadas	9	–	–
Adiantamentos a fornecedores		61.753	73.358
Outros créditos		30.392	25.751
		530.791	520.676
Permanente			
Investimentos	10	65.787	55.588
Imobilizado	11	2.938.214	2.267.685
Diferido	12	82.572	65.753
		3.086.573	2.389.026
Total do ativo não circulante		3.617.364	2.909.702
Total		8.181.380	7.576.351

FONTE: Relatório anual da Sadia referente ao exercício de 2007.

DEMONSTRATIVOS FINANCEIROS

Balanços patrimoniais em 31 de dezembro de 2007 e 2006 CNPJ/MF 20.730.099/0001-94 (valores expressos em milhares de reais)		Consolidado	
Passivo	Nota	2007	2006
Circulante			
Empréstimos e financiamentos	13	989.614	1.207.878
Valores a pagar de contratos futuros		22.409	9.077
Fornecedores		593.951	503.285
Adiantamentos de controladas	9	–	–
Salários, férias e encargos a pagar		132.500	112.433
Impostos e contribuições a recolher		65.859	63.349
Dividendos a distribuir	17	135.666	59.420
Participação de empregados nos resultados	19	82.346	45.776
Impostos diferidos	23	10.969	18.355
Outras obrigações		195.055	182.672
Total do passivo circulante		2.228.369	2.202.245
Não circulante			
Exigível a longo prazo			
Empréstimos e financiamentos	14	2.688.115	2.677.542
Adiantamentos de controladas	9	–	–
Plano de benefícios a empregados	15	107.418	96.178
Contingências	16	66.794	44.765
Impostos diferidos	23	98.725	76.369
Outras obrigações		46.840	19.930
Total do passivo não circulante		3.007.892	2.914.784
Participação de acionistas não controladores		34.599	964
Patrimônio líquido	17		
Capital social		2.000.000	1.500.000
Reserva de capital		20.507	5
Reservas de lucros		980.828	999.430
Ações em tesouraria		(84.118)	(33.341)
Resultados acumulados		(6.697)	(7.736)
		2.910.520	2.458.358
Total		8.181.380	7.576.351

Fonte: Relatório anual da Sadia referente ao exercício de 2007.

GESTÃO ESTRATÉGICA DE MUDANÇAS CORPORATIVAS

Demonstrações dos resultados Exercícios findos em 31 de dezembro de 2007 e 2006 (valores expressos em milhares de reais)		Consolidado	
	Nota	2007	2006
Receita operacional bruta		9.843.953	7.940.480
Mercado interno		5.319.918	4.482.017
Mercado externo		4.524.035	3.458.463
Deduções da receita bruta		(1.220.762)	(1.063.779)
Receita operacional líquida		8.623.191	6.876.701
Custos dos produtos vendidos		(6.312.130)	(5.185.217)
Lucro bruto		2.311.061	1.691.484
Despesas com vendas		(1.464.262)	(1.286.994)
Despesas administrativas		(84.300)	(57.251)
Honorários dos administradores		(16.433)	(14.011)
Outros resultados operacionais	20	6.792	58.877
Participação de empregados nos resultados	19	(83.128)	(48.349)
Resultado financeiro líquido	21	(36.587)	76.681
Resultado de equivalência patrimonial	10	–	–
Resultado operacional		633.143	420.437
Resultado não operacional	22	154.793	(5.783)
Lucro antes de impostos e participações		787.936	414.654
Imposto de renda e contribuição social do exercício	23	(76.581)	(10.967)
Imposto de renda e contribuição social diferidos	23	(23.355)	(28.205)
Lucro líquido do exercício		688.000	375.482
Participação de acionistas não controladores		1.016	1.106
Participação do acionista controlador		689.016	376.588
Lucro líquido por lote de mil ações em circulação no final do exercício – R$			

FONTE: Relatório anual da Sadia referente ao exercício de 2007.

DEMONSTRATIVOS FINANCEIROS

Demonstrações das origens e aplicações de recursos Exercícios findos em 31 de dezembro de 2007 e 2006 (valores expressos em milhares de reais)	Consolidado	
	2007	2006
Origens dos recursos		
Das operações		
Lucro líquido do exercício	688.000	375.482
Itens que não afetam o capital circulante líquido:		
Participação de acionistas não controladores	34.651	254
Depreciações, amortizações e exaustão	306.155	240.569
Amortização de ágio na aquisição de investimentos	20.774	25.763
Encargos e variações de longo prazo	(457.299)	(69.683)
Resultado na alienação de ativo permanente	10.598	8.978
Incentivos fiscais	18.930	–
Doações	1.560	–
Provisão para contingências	22.029	206
Plano de benefícios a empregados	11.240	13.181
Resultado em participações societárias	(4.966)	(4.227)
Variação cambial sobre investimentos no exterior	99.655	(16.810)
Impostos diferidos de longo prazo	10.224	40.186
	761.551	613.899
De terceiros		
Captação de recursos financeiros de longo prazo	1.430.106	1.387.870
Recursos obtidos na venda de ativo imobilizado	3.636	14.967
Juros sobre capital próprio recebidos	–	–
Transferência do realizável a longo prazo para o circulante	57.133	4.567
Alienação de ações em tesouraria	463	463
Resultado na alienação de ações em tesouraria	17	5
Transferência do imobilizado para o circulante	94.332	123.632
Acréscimo das demais contas do exigível a longo prazo	26.931	3.106
Decréscimo das demais contas do realizável a longo prazo	17.801	–
	1.630.419	1.534.610
Total das origens	2.391.970	2.148.509
Aplicações dos recursos		
No realizável a longo prazo		
Aplicações financeiras de longo prazo	40.015	–

(continua)

195

GESTÃO ESTRATÉGICA DE MUDANÇAS CORPORATIVAS

(continuação)

Demonstrações das origens e aplicações de recursos Exercícios findos em 31 de dezembro de 2007 e 2006 (valores expressos em milhares de reais)	Consolidado	
	2007	2006
Depósitos judiciais	(4.964)	(4.040)
Acréscimo das demais contas do realizável a longo prazo	1.919	87.282
Decréscimo das demais contas do exigível a longo prazo	849.807	–
Investimentos	30.973	4.215
Imobilizado	1.052.482	975.725
Transferências do circulante para o imobilizado	17.139	–
Diferidos	32.448	79.653
Aquisições de ações próprias	51.240	23.427
Juros sobre capital próprio/Dividendos	206.584	118.920
Transferências do circulante para o realizável a longo prazo	20.797	54.960
Transferência do exigível a longo prazo para o circulante	222.287	343.245
Total das aplicações	2.520.727	1.683.387
Aumento/(Redução) do capital circulante	(128.757)	465.122
Variação do capital circulante líquido		
No fim do exercício	2.335.647	2.464.404
No início do exercício	2.464.404	1.999.282
Aumento/(Redução) do capital circulante	(128.757)	465.122

Fonte: Relatório anual da Sadia referente ao exercício de 2007.

DEMONSTRATIVOS FINANCEIROS

PERDIGÃO

Perdigão S.A. e Empresas controladas Balanços patrimoniais em 31 de dezembro de 2007 e 2006 (valores expressos em milhares de reais)		
Ativo	**Consolidado**	
	2007	**2006**
Circulante		
Caixa e equivalentes a caixa	1.108.028	336.565
Aplicações financeiras	665.628	783.930
Contas a receber de clientes	803.938	701.584
Dividendos e juros sobre capital próprio	–	–
Estoques	865.147	643.167
Impostos a recuperar	174.402	146.907
Impostos sobre a renda diferidos	35.335	44.177
Outros direitos	115.730	95.216
Total do ativo circulante	3.768.208	2.751.546
Não circulante		
Realizável a longo prazo		
Créditos com empresas ligadas	–	–
Aplicações financeiras	63.292	80.046
Títulos a receber	43.990	44.287
Impostos a recuperar	33.504	38.167
Impostos sobre a renda diferidos	77.870	49.476
Depósitos judiciais	14.015	13.005
Contas a receber de clientes	11.826	11.427
Outros direitos	9.821	2.297
	254.318	238.705
Permanente		
Investimentos	134.757	19.813
Imobilizado	2.136.918	1.663.829
Diferido	249.110	155.523
	2.520.785	1.839.165
Total do ativo não circulante	2.775.103	2.077.870
Total do ativo	6.543.311	4.829.416

Fonte: Relatório anual da Perdigão referente ao exercício de 2007.

GESTÃO ESTRATÉGICA DE MUDANÇAS CORPORATIVAS

Perdigão S.A. e Empresas controladas Balanços patrimoniais em 31 de dezembro de 2007 e 2006 (valores expressos em milhares de reais)		
Passivo	Consolidado	
	2007	2006
Circulante		
Empréstimos e financiamentos	1.051.794	546.979
Fornecedores	575.603	486.562
Salários e obrigações sociais	132.768	115.425
Obrigações tributárias	29.797	25.016
Dividendos e juros sobre capital próprio	58.438	35.991
Participações dos administradores e funcionários	35.156	14.491
Débitos com empresas ligadas	–	–
Outras obrigações	57.722	27.089
Total do passivo circulante	1.941.278	1.251.553
Não circulante		
Exigível a longo prazo		
Empréstimos e financiamentos	1.214.069	1.287.073
Obrigações sociais e tributárias	4.421	2.290
Impostos sobre a renda diferidos	30.171	24.844
Provisão para contingências	124.360	118.900
Outras obrigações	3.033	874
Total do passivo não circulante	1.376.054	1.433.981
Participação de acionistas minoritários	–	39.010
Patrimônio líquido		
Capital social realizado	2.500.000	1.600.000
Reservas de lucros	726.794	505.687
Ações em tesouraria	(815)	(815)
Total do patrimônio líquido	3.225.979	2.104.872
Total do passivo	6.543.311	4.829.416

FONTE: Relatório anual da Perdigão referente ao exercício de 2007.

DEMONSTRATIVOS FINANCEIROS

Perdigão S.A. e Empresas controladas Demonstrações dos resultados exercícios findos em 31 de dezembro de 2007 e 2006 (valores expressos em milhares de reais, exceto lucro por ação)	Consolidado	
	2007	2006
Receita operacional bruta		
Vendas no mercado interno	4.589.160	3.644.548
Vendas no mercado externo	3.199.441	2.461.413
	7.788.601	6.105.961
Impostos e outras deduções de vendas	(1.155.238)	(896.203)
Receita operacional líquida	6.633.363	5.209.758
Custo das vendas	(4.760.088)	(3.865.660)
Lucro bruto	1.873.275	1.344.098
Receitas (despesas) operacionais		
Vendas	(1.278.973)	(1.070.853)
Gerais e administrativas	(76.872)	(72.275)
Honorários dos administradores	(13.517)	(9.558)
Despesas financeiras	(116.425)	(188.614)
Receitas financeiras	11.035	59.287
Resultado de investimentos em controladas	–	–
Outros resultados operacionais	5.127	18.417
	(1.469.625)	(1.263.596)
Lucro operacional	403.650	80.502
Resultado não operacional	(19.888)	(6.177)
Lucro antes dos impostos e participações	383.762	74.325
Imposto de renda e contribuição social	(32.080)	61.559
Participação dos funcionários no lucro	(24.636)	(9.934)
Participação dos administradores	(2.556)	(1.576)
Participação de acionistas minoritários	(3.183)	(7.121)
Lucro líquido do exercício	321.307	117.253
Lucro líquido por ação em circulação no final do exercício – R$	–	–

Fonte: Relatório anual da Perdigão referente ao exercício de 2007.

GESTÃO ESTRATÉGICA DE MUDANÇAS CORPORATIVAS

Perdigão S.A. e Empresas controladas Demonstrações das origens e aplicações de recursos Exercícios findos em 31 de dezembro de 2007 e 2006 (valores expressos em milhares de reais)	Consolidado	
	2007	2006
Origens		
Recursos das operações		
Lucro líquido do exercício	321.307	117.253
Depreciação, amortização e exaustão	272.241	238.568
Amortização de ágio	21.398	7.357
Impostos diferidos e a recuperar	(25.500)	(15.359)
Registro (reversão) de provisão para contingências	(4.030)	(21.191)
Encargos financeiros líquidos sobre o não circulante	(58.864)	(91.368)
Resultado de investimentos em controladas	–	–
Resultado de alienação e baixa do permanente	21.401	358
Participação de acionistas minoritários	3.183	7.121
Incentivos fiscais de controladas	(27.148)	(21.884)
Total dos recursos das operações	523.988	220.855
Financiamentos – não circulante	514.118	416.409
Transferência de aplicações financeiras – não circulante	128	3.724
Alienação do permanente	4.186	14.215
Empréstimo de controlada	–	–
Aumento de capital	900.000	800.000
Dividendos e juros sobre capital próprio	–	–
Capital circulante líquido de empresa adquirida	–	23.287
Incentivos fiscais	27.144	21.412
Outras	5.142	3.115
	1.974.706	1.503.017
Aplicações		
Operações	–	–
Transferência de financiamentos do não circulante	503.040	179.920
Investimento	160.482	31.297
Imobilizado	747.735	629.797
Diferido	42.840	81.528
Transferência de ágio para diferido	88.159	–

(continua)

DEMONSTRATIVOS FINANCEIROS

(continuação)

Perdigão S.A. e Empresas controladas Demonstrações das origens e aplicações de recursos Exercícios findos em 31 de dezembro de 2007 e 2006 (valores expressos em milhares de reais)	Consolidado	
	2007	2006
Adiantamento para futuro aumento de capital	–	–
Dividendos e juros sobre capital próprio	100.200	38.055
Distribuição de capital para acionistas minoritários	–	4.135
Capital circulante líquido de controlada incorporada	–	882
Outras	5.313	8.747
	1.647.769	974.361
Variação do capital circulante líquido	326.937	528.656
Demonstração do capital circulante		
No início do ano	1.499.993	971.337
No fim do ano	1.826.930	1.499.993
Variação	326.937	528.656

Fonte: Relatório anual da Perdigão referente ao exercício de 2007.

Impressão e Acabamento
assahi
gráfica e editora ltda.